Die Entwicklung von Banknoten in Europa als Zahlungsmittel und die Entstehung von Zentralbanken gehen nicht zufällig mit der Kolonialisierung einher. Mit dem Zeitalter der Industrialisierung und der Entwicklung moderner Banksysteme, bekommen auch die Zentralbanken eine immer wichtiger werdende Funktion. Die wirtschaftspolitische Bedeutung der Zentralbanken nimmt erst nach dem letzten Weltkrieg deutlich zu. Nach dem Vorbild der Deutschen Bundesbank gestehen Regierungen weltweit den Zentralbanken immer mehr Unabhängigkeit, gleichzeitig aber auch immer mehr Verantwortung zu. Daraus entsteht in der Öffentlichkeit der Eindruck großer Macht. Spätestens seit der letzten großen Finanzkrise scheint es, als ob nur noch die Zentralbanken in der Lage sind die Weltwirtschaft vor dem großen Kollaps zu bewahren. Zeit zu erklären, ob die Zentralbanken die heimlichen Herren des globalen Finanzgeschehens sind, oder nur die Sklaven der Umstände.

Der Autor *Thomas Seidel*, Jahrgang 1955, wuchs in Wiesbaden und Freiburg/Brsg. auf. Der gelernte Bankkaufmann war über 35 Jahre lang für Banken in Deutschland und England tätig. Seit 2009 arbeitet er als Freier Journalist für eine Tageszeitung und hat einen eigenen Blog. Vom selben Autor erschien bereits das Buch *Chance & Risiko Fluch und Segen von Finanzrisiken* im BookRix Verlag 2012.

Thomas Seidel

Zentralbanken
-Sklaven oder Herren?-

Das Entstehen von Zentralbanken,
ihre Entwicklung und aktuelle Bedeutung

Erschienen durch createspace bei Amazon

Eine Danksagung an dieser Stelle gilt Alexandra, die mit immer wachsamen Augen, kritischem Witz und juristischem Sachverstand die Entstehung dieses Buches begleitet hat.

Weitere Informationen über den Autor, seine Bücher und andere Veröffentlichungen finden sich auf der Webseite www.thomasseidel1955.de

Originalausgabe 2015
© 2015 Thomas Seidel, Frankfurt
Das Werk ist urheberrechtlich geschützt
Sämtliche, auch auszugweise Verwertungen bleiben vorbehalten.
Umschlaggestaltung und Bild: Thomas Seidel
Satz: Thomas Seidel
Druck und Bindung: amazon
Printed in Germany ISBN -13: 978-1518748141

Vorwort

Wenn man heute aus dem Blickwinkel der journalistischen Berichterstattung gesehen eine Wertigkeit von Tagesereignissen vornehmen möchte, zählt, neben den tagespolitischen Vorgängen, jede Art von Äußerung mehr oder weniger wichtiger Zentralbanken zum absoluten Muss jeder Tageszeitung und Nachrichtenagentur.

Anders aber als so viele Politiker, drängen sich die Zentralbanker keineswegs in den Vordergrund und das Rampen- und Blitzlichtgewitter der Reporterphalanx. Am liebsten würden Zentralbanker das, was sie zu sagen haben, nur in schriftlicher Form mitteilen und auch das nur in regelmäßigen Publikationen und dort am besten auch noch sprachlich möglichst kryptisch.

Es ist für Außenstehende kaum vorstellbar, welche Mühe, Konzentration und extreme Anspannung es einen Zentralbankpräsidenten oder eine Zentralbankpräsidentin kostet, vor aller Öffentlichkeit regelmäßige Statements abzugeben. Halbmeterlange Teleobjektive, Fernsehkameras so groß wie Raketenwerfer und ein allseits hochgespanntes Publikum aus Fachjournalisten halten jede Regungsfalte in den Gesichtern der Protagonisten bis auf die kleinste Pore fest. Von der Sofortanalyse des gesprochenen Wortes ganz zu schweigen, denn jedes Wort, jeder Satz und Halbsatz wird auf eine Goldwaage gelegt und mit jeder menschlichen Regung, etwa der Zuckung einer Augenbraue abgeglichen.

Fast scheint es, als hätte die moderne Welt gleich eine Reihe von neuen Orakeln, zumindest was den Zirkus um die Präsidenten des Federal Reserve, der Europäischen Zentralbank und der Bank of England angeht. Abgeleitet davon ist die Frage erlaubt, warum denn die Entscheidungen und Handlungen zumindest einiger Zentralbanken in der heutigen Welt so wichtig sind? Wie kommt es, dass eine Reihe von Finanzinstitutionen, die in ihrer modernen Funktionsweise kaum mehr als einhundert Jahre alt sind, für große Teile der Welt wichtiger geworden sind, als tausende Jahre alte Einrichtungen wie Kirchen, Tempel, Königreiche, Parlamente oder andere sakrale und profane Traditionen.

Das vorliegende Buch soll einen Einblick in diese Entwicklung bieten und in einem großen historischen und gesellschaftlichen Kontext erklären, wie die Zentralbanken zu ihrer aktuellen Bedeutung gekommen sind. Das geht natürlich nicht ohne einen Einblick in wirtschaftliche und pekuinäre Zusammenhänge. Doch soll dieses Buch ausdrücklich keine wissenschaftliche Studie sein. Auch das Thema Finanzen hat eine durchaus, manchmal unterhaltsame, manchmal dramatische und manchmal sogar komödiantische Seite. So ist das Buch voll von einer Reihe von Anekdoten und Geschichten und macht so den Ausflug in die Welt der Zentralbanken hoffentlich auch zu einer kurzweiligen Unterhaltung.

Am Ende jedenfalls sollte der Leser einen Einblick in die Mechanismen bekommen haben, die heute für Laien so undurchschaubar erscheinen. Diese Einsicht verhilft dann hoffentlich dazu, Zentralbanken für uns alle etwas menschlicher werden zu lassen.

1 Mittelalterliches Münzwesen

Die Anfänge des modernen Bankwesens werden heute gerne zeitlich in der Epoche der Renaissance verortet. Die beginnt in Italien etwa in der zweiten Hälfte des 15. Jahrhunderts und kommt gegen Anfang des 16. Jahrhunderts auch endgültig nördlich der Alpen an. Verbunden mit der Renaissance sind weithin berühmte Künstlernamen, etwa in Italien die von Leonardo da Vinci (1452 - 1519) oder Michelangelo Buonarroti (1475 - 1564); in Deutschland Albrecht Dürer (1471 - 1528) oder Lucas Cranach d.Ä. (1472 - 1553) und dessen Sohn Lucas Cranach d.J. (1515 - 1586). Daneben gibt es mächtige Familien. In Italien etwa die Medici in Florenz oder die Sforza in Mailand, Handelsherren und Territorialfürsten zugleich. In Deutschland herrschen die finanziell immer klammen Habsburger. Finanziert werden sie unter anderem von den Fuggern und Tuchers, beide Handelskaufleute und frühe Bankiers. In England herrschen die Tudors. Sir Thomas Gresham wird zum Gründer der Londoner Börse. Wesentliche Fortschritte wurden gemacht. So der Buchdruck durch Johannes Gutenberg (1400 - 1468), oder die Entdeckung Amerikas im Jahre 1492 durch Christoph Kolumbus (1451 - 1506). Allgemein kam es zu einer bedeutenden Erweiterung des europäischen Horizonts im wahrsten Sinne des Wortes. Unter den vielen Entwicklungen dieser Zeit wird auch die Grundlage des modernen Bankenwesens angenommen. Strittig ist unter Historikern immer wieder die Frage, ob das Bankenwesen nun im damals fortschrittlicheren Italien, oder vielleicht doch in den wirtschaftlich schon seinerzeit sehr agilen Provinzen rechts und links der Rheinmündung entwickelt wurde. Letztlich kommt es darauf aber nicht so sehr an. Besonders nach der Erfindung des Buchdrucks verbreiteten sich Ideen und Methoden schon damals recht schnell in Europa. Schließlich sprachen, zumindest die Gebildeten, mittels Latein ein und die selbe Sprache und trotz aller verkehrstechnischen Risiken und Mühen war schon seinerzeit der Handelsverkehr schier grenzenlos, ja heute würde man sagen, er begann sich soeben zu globalisieren.

Mit dem Wissen und dem Wort wechselte auch stets das Geld hin und her. Geld allerdings gab es in Europa zu dieser Zeit noch nicht in austauschbarer Papierform, ganz anders etwa als in dem immer noch weit entfernten, damals aber Europa zivilisatorisch überlegenen, China. Geld, das waren vor allem Münzen, also vorzugsweise in Metall geprägte Bilder und Worte, die für sich genommen aber zunächst keinen besonderen Wert hatten. Wichtiger war da schon der reine Materialwert dieser Münzen, bevorzugterweise natürlich aus Gold. Seltener waren bis Anfang des 16. Jahrhunderts übrigens Silbermünzen. Dieses Metall war durchaus viel rarer zu finden als das seit der frühesten Antike bekannte und reichlich vorhandene Gold. Erst mit der Entdeckung der, im heutigen Bolivien gelegenen, Silberminen von Potosi, etwa ab 1533, schwemmte in der Folge so viel Silber nach Europa, das der Wert dieses Metalls dauerhaft und dramatisch bis heute unter den von Gold sank.

Gold hin - Silber her, am Edelmetallgehalt von Münzen wurde seit jeher herum gepfuscht. Heureka, die Geschichte vor dem Ausruf des Archimedes (ca. 287 v.Chr. - 212 v.Chr.) über die Entdeckung des nach ihm benannten Prinzips und der Ableitung des Spezifischen Gewichts zeigt nur allzu exemplarisch die liebe Not auf, die man bereits in der Antike mit der Prüfung der Reinheit eines Edelmetalls hatte. Abgesehen davon, war aber der Edelmetallgehalt von Münzen nur eine Seite von deren Akzeptanz bei den Menschen als Zahlungsmittel. Immer schon ging es auch um das Vertrauen, dass man der Zahlungfähigkeit dieser Münzen entgegen brachte und mit diesem Vertrauen hängt bereits auch sehr früh das zusammen, was wir heute so modern als die Kaufkraft eines Zahlungsmittels bezeichnen.

Das Vertrauen, welches man einem Zahlungsmittel entgegenbrachte, hing in mittelalterlichen Zeiten jedoch mit den Personen oder Personengruppen zusammen, die überhaupt Münzen heraus geben durften.

1.1 Das Münzregal

Nach antikem römischem Vorbild hatten die Fränkischen Kaiser ab Karl dem Großen (ca. 747 oder 748 - 814) das so genannte Münzregal bei der Krone angesiedelt. Dabei steht der Begriff des *„Regal"*[1] weder für ein Küchen- noch ein Bücherbord, sondern bezeichnet ein königliches Privileg. Zunächst blieb es also den Königen allein vorbehalten, Münzen zu prägen, ausgeben und umlaufen zu lassen. Dazu gehörte die Bestimmung des Aussehens der Münzen, ihres Metallgehalts, von wem und wo die Münzen geprägt werden durften (heute: Prägeanstalt), die gesetzliche Bestimmung der Münzen als allgemein zu akzeptierendes Zahlungsmittel und gegebenenfalls die Ungültigkeitserklärung einer Münze als desselben, was man als die „Verrufung" bezeichnete. Von diesem ehemals juristischen Fachbegriff stammt bis heute unsere Vorstellung ab, dass jemand oder etwas in Verruf geraten könnte.

---

[1] Die genaue Herkunft des Begriffs „Regal" ist sprachwissenschaftlich (etymologisch) nicht exakt geklärt. Es gibt Annahmen über eine Ableitung aus dem althochdeutschen Wort „riga" für Linie oder Kreisbogen, aber auch dem mittelhochdeutschen „rige" für Linie, Reihe, Wassergraben. Unklar bleibt, ob das Wort im Zusammenhang mit dem lateinischen „regalis" für „dem König zukommend" in Verbindung steht. Genau davon aber leitet sich der Begriff für das hier besprochene Münzregal als einem königlichen Privileg ab.

Abbildung 1
Sachsenpfennig 10. und 11. Jahrhundert

Mangels Papiergeld mit Wertaufdruck, gab es eine Vielzahl von Münzen in einer bestimmten Wertehierarchie. So galt der *Heller* allgemein als die Münze mit dem niedrigsten Wert. Zwei davon brauchte es für einen *Pfennig*. Vier Pfennige machten dann einen *Kreuzer* aus. Drei Kreuzer bildeten einen *Schilling*, in manchen Gegenden *Groschen* genannt, und gar vier Kreuzer ergaben dann sogar einen *Batzen*. Zwanzig Schilling musste man haben, um dafür ein *Pfund* oder andernorts einen *Gulden* zu erhalten und dreißig Schilling machten gar erst einen *Taler* aus. Kein Wunder, dass im Volksmund bis heute das Wertlose *„keinen Heller und Pfennig"* wert ist und man bei teuren Anschaffungen von *„einem Batzen"* Geld spricht.

Natürlich war die Ausgabe von Münzen für alle Beteiligten ein prächtiges Geschäft, allen voran für den Fürsten, der das Recht dazu besaß. Es lassen sich aber bereits ganz wesentliche Elemente der Zahlungsmittel-Bereitstellung festhalten:

1. Das eingeschränkte Ausgabe- und Wiedereinziehungsrecht.

2. Die Erklärung und Durchsetzung was als allgemein zu akzeptierendes Zahlungsmittel in einem bestimmten Gebiet zu gelten hat.

3. Form und Aussehen des Zahlungsmittels.

4. Bestimmung der Wertdeckung des Zahlungsmittels; hier typischerweise durch die Festlegung der Prägemetalls.

Wir werden später sehen, wie sich diese Regeln im Laufe der Zeit weiter entwickelten und wie die ursprünglich rein königlichen Rechte am Münzregal nach und nach auf die Zentralbanken übergingen. Das allerdings wird ein Prozess, der sich über Jahrhunderte hinziehen wird und zum Teil bis heute noch nicht vollständig abgeschlossen ist.

So lag beispielsweise noch zur Zeit der Deutschen Mark das Ausgabeprivileg für Banknoten zwar allein bei der Deutschen Bundesbank, doch das Münzregal, also das alleinige Recht tatsächlich Münzen in Denomination der Deutschen Mark prägen und ausgeben zu lassen, befand sich weiterhin ausschließlich bei der Deutschen Bundesregierung, also einem sehr späten exekutiven Rechtsnachfolger des einstmals königlichen Souveräns.

Doch im Laufe der Zeit verwässerte sich, insbesondere im Heiligen Römischen Reich Deutscher Nation, das Münzregal mehr und mehr. Aus politischen Gründen wurde das ursprünglich zentralistische Recht der Münzausgabe an immer kleinere Herrschaften vergeben. Zunächst an geistliche und weltliche Fürsten verliehen, ging das Münzregal später sogar auch auf Freie Reichsstädte über. Die Folge war natürlich ein immer wilder werdendes Durcheinander von Zahlungsmitteln auf Reichsboden. Die ständige Geldwechselei, vor allem für gebiets-überschreitende Handelswaren, war mit zusätzlichen Kosten verbunden. Prächtig verdient haben daran vor allem die Geldwechsler, ohne wirklich ein reales Geschäft zu betreiben. Bereits so früh kann man erkennen, wie Gewinne mit reinen Geldgeschäften völlig losgelöst von der realen Wirtschaft erzielt werden konnten.

1.2 Mittelalterliche Besitzverhältnisse

Es war für die Menschen vor tausend Jahren schlicht nicht vorstellbar, dass ein Staat als abstrakter Rechtsbegriff hätte existieren können. Seit den Zeiten des untergegangenen Römischen Reichs war die Idee des ursprünglich orientalischen Königtums, die natürliche Herrschaftsform unter der die Menschen ebten. Im Christentum war diese Herrschaft mehr und mehr noch mit dem Anspruch göttlicher Abstammung bestimmter Familien verbunden, die damit versuchten das Privileg ihres Herrschaftsanspruchs argumentativ zu untermauern. Traditionelle republikanische Inseln, etwa in Form von Reichsstätten, bildeten auf einer Zwischenebene ein Ausnahme, blieben aber von allerhöchsten königlichen Privilegien abhängig, die die Fürsten sich dann auch stets gut bezahlen ließen. Der Souverän war der Landesherr oder Fürst, dessen Herrschaftsgebiet oft auch deckungsgleich mit dem familiären Privatbesitz war. Die Fürsten besaßen in ihrem Territorium nicht nur die Gewalt der Rechtsprechung, sondern auch das Recht für den Einzug von Abgaben. Ein einheitliches Steuersystem mit einer geregelten Durchreichung von Abgaben bis hin zum König existierte nicht. Die Landesherren wachten eifersüchtig darüber, dass dies so blieb. Daran hat sich bis heute, etwa in der Europäischen Union, nicht viel geändert. Jeder Nationalstaat will seine Steuerhoheit für sich behalten. Außer durch ihren privaten Stammbesitz und dessen Erträgen, sowie den Einnahmen von königlichen Regalien und Abgaben der privilegierten Reichsstädte, hatten die Könige keine regelmäßigen Einkünfte.

Das vor allem waren die Gründe, warum man gerne Wert auf attraktive Ehebündnisse legte, aus denen Herrschaftsgebiete entstanden, die so manches Mal eigentlich nicht hätten zusammen passen können. Die langwierigen Ansprüche englischer Könige auf den französischen Thron, insbesondere seit der Heirat des englischen Königs Heinrich II. mit Eleonore von Aquitanien im Jahr 1152 sollen dafür nur eines von unzähligen anderen Beispielen sein, auf dessen Ursachen und Wirkung wir hier an dieser Stelle nicht näher eingehen können.

Daneben führte ewiges Geschwistergezänk, etwa bei ungünstigen Erbfällen, zu Familienkriegen die schlimmstenfalls für immer ganze Länder auseinander treiben konnten. Ein bei weitem folgenschweres Beispiel dafür ist das Dauerkriegsverhältnis zwischen den Enkeln Karls des Großen Lothar, Ludwig dem Deutschen und Karl dem Kahlen. Dessen Ausgang prägt bis heute wesentlich die europäische Landschaft von Frankreich, Deutschland, Belgien, Luxemburg und den Niederlanden. Staaten waren im Mittelalter nichts anderes als privater Fürstenbesitz. Die Erträge ihrer Länder standen zunächst nur den Territorialfürsten zu. Insbesondere im Heiligen Römischen Reich Deutscher Nation, wo der Deutsche König und später ab 1356 automatisch auch der Römische Kaiser, immer gewählt wurden und ihren Titel nie ererbten, waren diese formal obersten Autoritäten viel mehr von der monetären Zustimmung der Landesfürsten abhängig, als man es sich heute gemeinhin vorstellen kann.

14

Abbildung 2
Karte der Reichsteilung unter den Enkeln Karls des Großen

Das alles spiegelte sich auch in dem Vertrauen und der Werthaltigkeit ihrer Münzen wider. Da fürstlicher Privatbesitz, Staat und Münzwesen letztlich in der Person des Fürsten zusammen fielen, hing ein Teil des Wertes der Münzen vom Wohl und Wehe dieser Personen ab. Da half der reine Metallwert, selbst wenn es eine Münze aus reinem Gold oder gar Silber war, nur zu einem gewissen Teil. Für die ganze Kaufkraft der von einem Souverän geprägten Münzen war auch das Vertrauen in dessen Handlungsweisen nicht unerheblich.

Münzen, geprägt unter herrschaftlichen Privilegien der Münzregale, in ihrem Wert zum Teil an ihren Edelmetallgehalt gebunden, aber vielmehr auch an das belastbare Vermögen ihrer Herausgeber, das sollte für gut tausend Jahre die vorwiegende Form von Zahlungsmitteln in den christlichen Ländern Europas sein.

Abschließend ist noch ein weiterer Aspekt zu betrachten. So wichtig und notwendig Geld bereits in dieser Zeit für den Handel und den Wandel der Gesellschaft und der Fürstentümer war, es wurde in den strenggläubigen Augen der Christenheit gleichwohl immer verachtet. Geld stinkt! Wer beruflich damit umging, wurde gesellschaftlich bestenfalls geduldet, weniger geachtet. Den *anrüchigen*[2] Gestank des Geldes streifte man im übertragenen Sinn nie wieder ab. Schon früh entwickelten die christlichen Gesellschaften in Europa jenes äußerst ambivalente Verhältnis zum Geld, das sie vor allem in katholisch geprägten Ländern bis heute pflegen. Wer viel an realen Gütern, etwa Landbesitz oder Handelswaren, besaß, wurde gleichzeitig bewundert und beneidet. Wessen Reichtum allerdings vor allem auf reinem Geld beruhte, konnte sich seiner heimlichen Missbilligung durch die breite Bevölkerung sicher sein. Geld hatte etwas Satanisches an sich, dem sakralen christlichen Tempel nicht wirklich würdig, gleichwohl aber von dessen Priestern immer hochbegehrt. Diese Einstellung hat sich bis heute erhalten und schlägt, als ein diffus hintergründiges Misstrauen, heute mehr denn je den vermeintlich modernen Hohepriestern der Geldwirtschaft entgegen, niemand anderen als den Zentralbankern.

---

[2] anrüchig = auch übel beleumdet, berüchtigt, verrufen, vergl. auch Gerücht, ruchbar. in Anlehnung an mnd. Ruf, Leumund

2 Das Elend der Könige am Beispiel von England und Schweden

Inzwischen hat es in der Renaissance ein weiteres fundamental bedeutendes Ereignis gegeben. Mit Martin Luther war es zur Kritik an der Funktionsweise der Katholischen Kirche gekommen. In deren Folge fand eine Abspaltung wesentlicher Teile der deutschen Christenheit hin zum Protestantismus statt. Ähnliche Entwicklungen sind parallel in anderen Ländern zu beobachten. Insbesondere zwang eine rein dynastische Not König Heinrich VIII, aus dem englischen Königshaus der Familie Tudor, zur Abkehr von Rom und zur Gründung der Anglikanischen Kirche. Heinrich VIII war erst der zweite König in der noch jungen Dynastie der Tudors. Alle männlichen Nachkommen mit seiner ersten Gattin, der streng katholischgläubigen spanischen Königstochter Katharina von Aragon, starben entweder früh oder kamen als Totgeburt zur Welt. Einzig eine Tochter überlebte, die 1516 geborene Maria, welche im Volksmund später gerne auch als *„Bloody Mary"* bezeichnet wurde, und zwischen 1553 und 1558 dann auch tatsächlich katholische Königin von England war. Aus Heinrich's zweiter Ehe mit Anne Boleyn stammte die legendäre anglikanische Königin Elisabeth I (Regentschaft von 1558 bis 1603), doch deren Weg zur Macht war zunächst steinig. Vor den beiden Königinnen regierte allerdings der einzige Sohn Heinrich's Eduard VI, aus Heinrich's Ehe mit Jane Seymour. Dessen Regentschaft von 1547 bis 1553 war allerdings nur nominal, da Eduard minderjährig blieb und früh verstarb.

Die Kirchenspaltung zwischen Protestantismus und Katholizismus stürzte Europa und die von Europa beherrschten Teile der Welt in ein tiefes Zerwürfnis. Aus Sicht vieler Fürsten, vor allem in nördlichen Ländern Europas, brachte der Protestantismus vor allem den Vorteil mit, nicht mehr von einer Oberhoheit des Papstes abhängig zu sein. Protestantische Fürsten machten sich in ihren Ländern zu Herrschern von Gottes Gnaden (Gottesgnadentum). Erkauft wurde diese wesentliche Änderung der europäischen Machtverhältnisse allerdings durch eine lang anhaltende Zeit oberflächlich aus Glaubensgründen, tatsächlich aber aus Machtgründen geführter Kriege und Bürgerkriege.

Wie auch immer, Europa hatte zwischen den Jahren 1517 und 1660 eine Abfolge von mächtigen Umwälzungen erlebt und eine Reihe seiner bis dahin blutigsten Kriege über sich ergehen lassen müssen. Insbesondere Deutschland, auf dessen Gebiet die Konfessionsspaltung mittendurch ging, erlitt den 30-jährigen Krieg von 1618 bis 1648, der eigentlich bereits ein gesamteuropäischer Krieg gewesen ist. An dessen Ende stand mit dem Westfälischen Frieden von 1648 nicht nur eine wesentliche Neuordnung europäischer Ländergrenzen, sondern auch die zementierte Etablierung einer neuen christlichen Kirche.

Mit dem Protestantismus sollte allerdings nicht nur ein anderes Verhältnis zwischen den Menschen und Gott geschaffen werden, sondern auch ein ganz neues Verständnis zu Arbeit und Geld.

2.1 Ereignisse in England

Mit dem Tod der kinderlosen Königin Elisabeth I. im Jahr 1603 endete die kurze Dynastie des Hauses Tudor. Legitimer Nachfolger wurde der katholische Schottenkönig Jakob VI. (engl. James). Dieser war Sohn der durch Elisabeth hingerichteten Schottenkönigin Maria Stuart. Er wurde nun als James I. auch noch König von England und Irland und vereinigte so in seiner Person alle drei Königreiche auf den Britischen Inseln. James I. führte den Begriff von Großbritannien offiziell ein und legte die Flaggen Schottlands und Englands als den Union Jack zusammen. Als ein Stuartabkömmling war James allerdings katholischen Glaubens. Wenngleich James I. in Religionsfragen eher liberal war, pflegte er als Herrscher gerne einen kostspieligen absolutistisch anmutenden Auftritt. Das kam im Lande der von Heinrich VIII. und Elisabeth I. so blutig und schwer erkämpften Anglikanischen Kirche überhaupt nicht gut an. Seit der Magna Charta von 1215 ist in England eine starke parlamentarische Tradition herangewachsen. Von Anfang an garantierte die Magna Charta dem Parlament das Budgetrecht, also die alleinige Entscheidung über die Erhebung von Steuern. Dieses Recht war also schon fast vierhundert Jahre in England fest etabliert, als James I. sein Königsamt antrat und mit seinen Ausgaben und Steuerwünschen prompt auf den Widerstand des Parlaments stieß. Nach James I. Tod trat sein Sohn Karl (engl. Charles) als Charles I. dessen Nachfolge an. Unter Charles I. Herrschaft verschärften sich die Auseinandersetzungen mit dem Parlament und verschiedenen anderen Interessengruppen derart, dass es schließlich zum Bürgerkrieg kam, in dessen Folge Charles I. am 30. Januar 1649 hingerichtet wurde.

Für eine kurze Zeit blieb England ohne König, doch die Herrschaft der religiös puritanischen Cromwells dauerte nicht allzu lange. Bereits im Frühjahr 1660 wurde der Sohn Charles I., der vor den Bürgerkriegen zeitweise ins französische Exil geflüchtet war, mit Zustimmung eines neuen Parlaments als Charles II. wieder zum König gekrönt. Genau in diesem Jahr begann ein englischer Staatsbeamter, einer der späteren Leiter des Marineamts, *Samuel Pepys*, zehn Jahre lang ein Tagebuch zu führen. Dieses äußerst beredsame Dokument, welches vollständig erhalten auf uns gekommen ist, erzählt wie kein anderes von den Zwängen, Nöten und Ränken, denen in dieser Zeit ein König in England ausgesetzt war, ganz gleich, was er als Herrscher oder Privatperson bewirken wollte. Im Folgenden wollen wir uns diese Quelle erschließen, um uns ein Bild der tatsächlichen staatlichen und wirtschaftlichen Situation Englands in der zweiten Hälfte des 17. Jahrhunderts zu machen. Dies wird im Weiteren eine wichtige Grundlage und Erklärung für das Entstehen erster Zentralbanken sein. Es wird aufzeigen, wie manche der alten Grundstrukturen erster Zentralbanken in ihren Funktionen bis heute im modernen Zentralbankwesen immer noch überlebt haben.

2.2 Beobachtungen des Samuel Pepys

2.2.1 Eine kurze Biographie des Samuel Pepys

Als fünftes von insgesamt elf Kindern des Schneiders John Pepys und dessen Frau Margaret, wird Samuel Pepys (nachfolgend nur als SP abgekürzt) am 23. Februar 1633 in London geboren. Mit elf Jahren wird SP in die Provinz nach Brampton in Huntingdonshire, etwa 65 Meilen nördlich von London gelegen, aber nur etwa 19 Meilen von der Universitätsstadt Cambridge entfernt, zu seinem Onkel Robert Pepys geschickt. Dort geht er auf eine Grammar School, wo er vor allem Lateinisch lernt. 1646 wieder zurück in London, besucht SP die St.-Paul-Schule, schließt diese mit Auszeichnung ab und erhält ein Stipendium für Cambridge. Das Studium beendet SP mit einem Bachelorgrad. Gefördert von seinem adligen Vetter Edward Montagu in London, erhält SP zunächst eine Stelle als Schreiber im Schatzamt unter *George Downing*[3].

Am 29. Juni 1660 wird SP zum Ersten Sekretär von vier Sekretären des Flottenamts ernannt, und steht damit der bedeutendsten Behörde und dem größten Arbeitgeber der Landes vor. Sein Vorgesetzter ist der Herzog von York, der Bruder König Charles II. Dieser Herzog von York, der spätere König James II., wird übrigens der Namensgeber des Staates und der Stadt New York. Am 25. September 1660 ist SP mit einigen Herren im Gespräch und notiert darüber nebenbei in sein Tagebuch:

Zitat
„Danach schickte ich nach einer Tasse Tee (einem chinesischen Getränk, das ich nie zuvor getrunken hatte) und ging dann fort."
Zitat Ende

---

[3] Geroge Downing (ca. 1623 bis 1684) wurde in Irland geboren und war im Übrigen der 2. Absolvent der neu gegründeten Universität von Harvard in Neuengland. Ab 1656 wurde er Exchequer (eine Art Hauptkassierer des Schatzamts). Für seine Verdienste belohnte ihn Charles II. mit einem Stück Land in der Nähe des St. James Parks. Die dort von ihm errichtete Straße trägt noch heute seinen Namen und ist der Sitz des Britischen Premierministers und des Schatzministers.

Es handelt sich um eine der frühesten Erwähnungen von Tee, dem heutigen britischen Nationalgetränk. Neben seinen Ämtern wird SP 1665 Mitglied der Königlichen Akademie der Wissenschaften (Royal Society). Jahre später wird er deren Vorsitzender und in dieser Funktion das Hauptwerk Newtons einleiten.

Abbildung 3
Samuel Pepys im Jahr 1666

Inzwischen befindet sich England mit den Niederlanden wechselseitig im Krieg und im gleichen Jahr bricht die Pest in London aus; SP und seine Familie bleiben aber davon verschont. Noch während die Pest langsam abebbt, kommt es am 2. September 1666 in einer Londoner Bäckerei zu einem Brand, in dessen Folge nahezu die gesamte Altstadt abfackelt. Nachdem die Niederländer im Zuge der fortdauernden Kriege 1667 sogar in die Themse vordringen konnten, bricht Panik aus. Das Land stürzt in eine Finanzkrise, die Bankiers werden zahlungsunfähig. Das Flottenamt wird vom Parlament unter anderem der Pflichtverletzung angeklagt. In einer denkwürdigen Rede am 5. März 1668 gelingt es SP die Vorwürfe zu entkräften. Dies begründet seinen Ruhm als Redner.

1673 wechselt SP zunächst in die Admiralität und wird später im Jahr zum ersten Mal Abgeordneter im Parlament. Die politische Situation in England ist schärfer geworden. Eine Hexenjagd auf Katholiken beginnt, dreckige Wäsche wird von Neidern und Rachsüchtigen gewaschen. Vor diesem Hintergrund wird auch SP beschuldigt. Er kommt zunächst in den Tower. Es gelingt ihm allerdings die Vorwürfe zu entkräften und auf Kaution frei zu kommen. Im Juni 1680 wird die Anklage gegen SP schließlich fallen gelassen. Ab 1683 steht der zwischenzeitlich arbeitslose SP wieder in königlichen Diensten. 1684 wird er Staatssekretär für Admiralitätsangelegenheiten. Es ist dasselbe Jahr, in dem SP zum Präsidenten der Royal Society gewählt wird.

Nach dem Tod König Charles II. 1685 tritt dessen katholischer Bruder, der bisherige Herzog von York, als James II. die Thronfolge an. Dessen Politik führt wieder zu religiösen Spannungen. SP sieht sich 1689 gezwungen seine Ämter aufzugeben. Er wird wieder ins Gefängnis gesteckt, kommt aber nach kurzer Zeit frei. Ähnliches passiert auch 1690. SP kümmert sich dann als Privatier vor allem um seine Bibliothek. Sie ist sein größter Schatz und gleichzeitig sein wichtigstes Vermächtnis. Die Bibliothek von SP ist vollständig erhalten und kann im Magdalene College in Cambridge noch heute so eingesehen werden, wie SP sie original geordnet hat.

Am 26. Mai 1703 stirbt Samuel Pepys nach längerer Krankheit und wird in der St.-Olave-Kirche in der Londoner Hart Street neben seiner Frau beigesetzt. Mit seinem Tagebuch hat Pepys der Nachwelt ein einmaliges Dokument zeitgenössischen Geschehens im England des ausgehenden 17. Jahrhundert überlassen. Seine Sicht war die eines königlichen Spitzenbeamten, aber gleichzeitig weltoffenen und unendlich neugierigen Menschens. Er war unter anderem persönlich bekannt mit:

- Robert Boyle, einer der bedeutendsten Wissenschaftler Englands und Mitbegründer der Royal Society.
- William Brounker, unter anderem erster Präsident der Royal Society.
- George Carteret, unter anderem Kämmerer des Flottenamtes. Aufgrund seiner Abstammung von der Kanalinsel Jersey und weil er vom König in Amerika mit Beteiligungen an dem Land zwischen dem Hudson und dem Delaware belohnt wurde, benannte man zu seinen Ehren dieses Land später als New Jersey.

- George Downing, Dienstherr des Schatzamts (Exchequer). Namesgeber der heute so berühmten Downing Street. Führte unter anderem ab 1667 Schatzscheine (Treasury orders) ein, ein erster wichtiger Schritt zur Gründung der Bank of England.
- John Evelyn, einer der gelehrtesten Autoren und Übersetzer seiner Zeit. Lebenslang engster Freund von SP.
- Nell Gwyn, die wohl berühmteste königliche Mätresse ihrer Zeit in England.
- Robert Hooke, Wissenschaftler an der Royal Society und Autor der "Micrographia", wo zum ersten Mal von Mikroorganismen und dem Begriff der Zelle die Rede ist.
- Isaac Newton, der wohl berühmteste englische Wissenschaftler aller Zeiten.
- William Penn d.Ä, und William Penn d.J. Letzterer gilt als Begründer der Stadt Philadelphia und hat den amerikanischen Quäker-Staat zu Ehren seines Vaters Pennsylvania genannt.
- William Pitty, Schiffbauer, Stabsarzt, Chemiker, Mathematiker und durch seine Schrift "Political Arithmetic" Begründer der volkswirtschaftlichen Statistik.
- Edward Montagu, Erster Graf von Sandwich, Vetter von SP und dessen früher Förderer. Einer seiner Nachfahren wird später Namensgeber des berühmten belegten Handbrots 'Sandwich'.
- Christopher Wren, Architekt der das städtebauliche Bild Londons durch den Wiederaufbau nach dem großen Brand von 1666 wesentlich prägt.

Samuel Pepys war nicht nur ein geistig aufgeschlossener Zeitgenosse, sondern auch ein leidenschaftlicher Freund des Theaters, guten Essens und schöner Frauen. Sein wichtigster Beitrag für die Nachwelt ist allerdings sein Tagebuch von 1660 bis 1669, das wie kein anderes einen Einblick in die Lebensumstände Englands während einer seiner schwierigsten Epochen bietet.

2.2.2 Die finanziellen Nöte der englischen Könige

Die Jahre 1665 bis 1667 waren für England katastrophale Zeiten. England geriet, wieder einmal, mit Holland in den Zweiten Englisch-Holländischen Krieg. Bei diesem zweiten von insgesamt vier Kriegen ging es letztlich um die Herrschaft über attraktive Handelsrouten auf den Weltmeeren. Im Ergebnis des Ersten Englisch-Holländischen Kriegs (1652-1654) hatte man auf englischer Seite ein Monopol für den Handel mit den eigenen Kolonien in Nordamerika errungen und auch ansonsten gut Geld gemacht. Die Spannungen zwischen den beiden Ländern konnten aber nicht restlos beseitigt werden. Nun hatte man die Holländer in der Neuen Welt aus ihrer Besitzung „Neu-Amsterdam" vertrieben und lag mit ihnen auch sonst wegen allerlei Handelsscharmützeln im Krieg. Vor allem König Charles II. versprach sich im Ergebnis wieder einen satten Gewinn für seine persönliche Kasse.

Dann brach in London im Frühjahr 1665 die Pest aus. Sie entvölkerte halb London. Man schätzt, es fielen der Pest mehr als 70.000 Menschen zum Opfer. Der Hof wurde nach Oxford verlegt. Ganze Behörden, wie etwa das Marineamt, wurden aus der Stadt hinaus verlagert.

Die Seuche ebbte nach dem Sommer 1666 gerade langsam ab, da brach in den Morgenstunden des 2. September 1666 in einer Londoner Bäckerei ein Feuer aus, welches nicht mehr unter Kontrolle gebracht werden konnte. Rasend schnell breiteten sich Flammen aus und machten rund achtzig Prozent der meist noch mittelalterlichen Bauten Londons nieder. Selbst die alte St.-Pauls-Kathedrale fiel den Flammen zum Opfer. Über 100.000 Menschen wurden obdachlos, das Geschäftsleben kam vollständig zum Erliegen.

Während all dessen ging der Krieg gegen die Holländer trotzdem weiter. 1667 fanden zwar bereits Friedensverhandlungen mit den Holländern in Breda statt, doch König Charles II. zierte sich zunächst einen Vertrag zu unterschreiben. Fast zeitgleich begannen die Franzosen ihren Feldzug gegen die Spanischen Niederlande. Die holländische Seite sah sich unter Druck und wollte diesen an England weiter geben. Wagemutig drangen die Holländer direkt in die Themse vor und in den Nebenfluss Medway ein, wo ein Großteil der englischen Flotte nicht einsatzbereit vor Anker lag. Dort vernichteten die Holländer große Teile der englischen Flotte und stießen später bis nach Gravesend, etwa 25 Meilen von London entfernt vor. In London reagierte die Bevölkerung panisch und das Parlament setzt Charles II. unter Druck, die Friedensverhandlungen zu einem Abschluss zu bringen. Der Frieden von Breda vom 31. Juli 1567 etablierte eine echte Aufteilung der Interessensphären zwischen England und Holland in der Welt. Während sich die Holländer vor allem aus Nordamerika zurückzogen und so beispielsweise New York und New Jersey endgültig britisch wurden, gaben die Engländer ihrerseits die Ostindischen Inseln auf, wodurch vor allem Surinam und Java, Teile des heutigen Indonesiens, weit bis ins 20. Jahrhundert hinein holländische Kolonie werden- und bleiben sollten.

Während aus dem ersten Englisch-Holländischen Krieg die Engländer zweifellos als Sieger hervorgegangen waren und in die Staatskassen reichlich Geld geflossen war, lag die Sache im Frieden von Breda für Großbritannien gänzlich anders herum. Wie konnte es dazu kommen?

Den ersten Krieg gegen die Holländer focht nicht ein König auf englischer Seite aus, sondern das Commonwealth of England unter

23

Oliver Cromwell. Doch schon sechs Jahre später hatte sich die politische Situation in England gänzlich geändert. Nach dem Tod Oliver Cromwells 1658 und dem Versagen seines Sohnes Richard Cromwell als Lordprotektor 1659 regierte in England allein ein Parlament. Doch ein General aus den Zeiten des hingerichteten Königs Charles I., ein gewisser George Monk, zog am 3. Februar 1660 von Schottland kommend mit seinen Truppen in London ein. Er erzwang eine Selbstauflösung des Parlaments und Neuwahlen. Dieses neue Parlament stimmte am 8. Mai 1660 der Monarchistischen Restauration zu und machte den in Frankreich weilenden Charles II. aus dem Hause Stuart zum König. Freilich ließ sich dieses Parlament seine Zustimmung auch teuer bezahlen. Es setzte durch, dass die alleinige Entscheidungshoheit über die Erhebung, Abgabe und Verwendung von Steuern nur noch beim Parlament lag.

Das allerdings war für den sich gern als absolutistischer Monarch aufführenden Charles II. und von da ab alle seine Nachfolger das wesentlichste Hindernis, ihre Regentschaft auch tatsächlich auszuüben. Wie knapp das englische Parlament selbst in Kriegszeiten den König und damit den gesamten staatlichen Apparat bei Kasse hielt, beschreibt Samuel Pepys in seinem Tagebuch unter anderem in einem Eintrag vom Sonntag, 23. September 1666:

Zitat
„Meinen Berechnungen zufolge hat uns der Krieg vom 1. September 1664 bis heute 3 200 000 Pfund gekostet, bezahlt haben wir bisher gut 2 200 000 Pfund, so dass sich unsere Schulden (Anm.d.Autors: gemeint sind die des Marineamts gegenüber Lieferanten und Mannschaften) sich auf etwa 900 000 Pfund belaufen. [...] Sir W. Coventry fragte ganz verwundert, ob denn unsere Abrechnung nicht den Lordschatzmeister in arge Verlegenheit brächte, denn wie wolle er erklären, was mit den 4 000 000 Pfund geschehen sei, die das Parlament bislang für den Krieg bewilligt hat."
Zitat Ende

Über die ewig klamme Finanzsituation des Marineamts machte Pepys schon wenige Tage später, am Sonntag, 7. Oktober 1666 wieder einen Eintrag in sein Tagebuch. Man hatte den König ersucht aus seiner Schatulle einen Beitrag für das Marineamt zu leisten, damit dies überhaupt noch betrieben werden konnte.

Zitat
„Dann erfuhr ich, dass der König nur 5 oder 6000 Pfund geben will, obwohl wir 50 000 Pfund gefordert hatten (und eigentlich 100 000 Pfund angemessen wären), sodass ich unser Ende jetzt mehr denn je gekommen sehe, Gott steh uns bei."
Zitat Ende

Sich ständig gegenüber dem Parlament und dem König rechtfertigend, trägt Pepys am Samstag, 13. Oktober 1666 nach einer Sitzung hoher

Staatsbeamter an der Pepys auch zeitweise teilgenommen hatte, über die Finanzsituation des Königs in sein Tagebuch ein:

Zitat
„Kurz vor Schluss (Anm.d.Autors: Pepys hatte die Sitzung bereits verlassen und wartete draußen) erschien Sir W. Coventry. Ich ging mit ihm fort und ließ mir von den Begebenheiten im Parlament berichten. Dem König sind für das kommende Jahr 1 800 000 Pfund bewilligt worden, eine beachtliche Summe, wenn er nur nicht so viele Schulden hätte."
Zitat Ende

Zwei Tage später gibt uns Pepys einen lebendigen Einblick in die aktuelle Parlamentsdebatte und zeigt damit, wie wenig sich daran bis heute im Kern geändert hat. Es geht wieder um die Finanzen des Königs und er berichtet am Montag, 15. Oktober 1666:

Zitat
„Heute fand im Parlament die große Debatte darüber statt, wie die am Freitag bewilligten 1 800 000 Pfund für den König aufgebracht werden sollen. Nach endlosen Reden wurde zuletzt der Vorschlag gemacht, die Herdsteuer vom König zu übernehmen und ihm eine andere Einnahmequelle zu verschaffen. Außerdem soll den Bürgern ermöglicht werden, sich für den achtfachen Jahresbetrag ganz von der Herdsteuer zu befreien, was sofortige Einnahmen von 1 600 000 Pfund einbringen würde. Die Bürger wären von einer lästigen Pflicht befreit, und der König könnte mit einer ebenso guten oder noch besseren Einnahmequelle zufrieden gestellt werden. Dem Parlament schien der Vorschlag zuzusagen, und die Debatte wurde auf morgen verschoben."
Zitat Ende

Nur einen Tag später, unter dem Datum Dienstag, 16. Oktober 1666 schreibt Pepys:

Zitat
„Im Parlament ist man heute noch zu keiner Entscheidung gekommen, wie die 1 800 000 Pfund aufgebracht werden sollen."
Zitat Ende[4]

So geht das Gezerre um die staatlichen Finanzen immer weiter und weiter. England bleibt in einer ständigen Krisensituation. Kriege gegen Holland und später mit Holland an der Seite gegen Frankreich sind nur ein Dauerbrenner in diesen Zeiten. Nach Charles II. Tod wurde sein

---

[4] Wie sich im Laufe der Zeit der Geschmack an Speisen änderte, ist durch ein weiteren Eintrag von Samuel Pepys sehr schön belegt. In einem Eintrag vom Freitag, 2. November 1666 berichtet Pepys unter anderem von einem Fleischeinkauf und notiert, wie der Schlachter sein Rindfleisch anpreist: Zitat *„Seht nur, wie herrlich fett dieses Fleisch ist, magere Stellen sind hier rare Schönheitspflästerchen.'* Zitat Ende

Bruder Jakob als James II. 1685 König von England, Schottland und Irland. James II. bekannte sich zum Katholizismus und zum antiparlamentarischen Absolutismus. Diese Haltung kostete ihn in der *Glorius Revolution von 1688/89* das Amt, welches er an seine Tochter Mary und seinen Schwiegersohn Wilhelm III. von Oranien abgeben musste. Diese beiden protestantischen Monarchen unterschrieben die berühmten *Bill of Rights*, in dem die Rechtsbeziehungen zwischen Parlament und König grundlegend geregelt wurden. Doch die ständigen inneren Auseinandersetzungen und äußeren Konflikte machten die Geldnot der Könige nicht einfacher. Um handlungsfähig zu bleiben waren neue Mechanismen der Geldbeschaffung gefragt. Der eingeschränkte finanzielle Handlungsspielraum der Könige wird letztlich die tiefere Ursache für die Gründung der Bank of England am 27. Juli 1694 sein.

2.3 Die Situation in Schweden

Der völligen Vernichtung durch die Katholiken entgingen die Protestanten in Deutschland nur durch das Eingreifen des Schwedenkönigs Gustav II. Adolf in dem so genannten *Dreißigjährigen Krieg von 1618 bis 1648*. Gustav II. führte in seiner Zeit mit Schweden eine der europäischen Großmächte an und zog auch gleich persönlich in den Krieg. Das kostete ihn aber 1632 in der Schlacht bei Lützen das Leben. Wegen seiner kriegerischen Umtriebigkeit fand Gustav II., für einen König eher ungewöhnlich, wenig Zeit der Hauptaufgabe als Kindererzeuger nachzugehen. Nur zwei Töchter wurden ihm geboren Christina Augusta, die bereits im ersten Lebensjahr verstarb und die zweitgeborene Christina Wasa, die spätere Königin Christina. Sie war gerade mal fünf Jahre alt, als ihr Vater starb. Erst mit 18 Jahren kam Christina auf den Thron und wurde damit Königin. Eine Aufgabe mit der sie alles andere als zufrieden war. Die hochgebildete Christina hatte andere Dinge im Kopf als das banale Tagesgeschäft einer Großmacht zu führen. Während ihrer Minderjährigkeit und auch am Anfang ihrer Regentschaft führte der enge Vertraute ihres Vaters Reichskanzler *Axel Oxenstierna* vorwiegend die Geschäfte in Schweden. Doch mit ihrem Amtsantritt wollte sich Christina von der Bevormundung des alten Kanzlers lösen.

Christina machte sich Gegner im schwedischen Reichstag. Das bislang eher karge protestantische Leben am schwedischen Hof erfuhr durch Christina kulturellen Schwung und Prunk. Zwar hatte Schweden durch seine Kriegsführungen einige Besitzungen, vor allem in Deutschland, dazu gewonnen, aber alle Unternehmungen hatten auch viel Geld verschlungen. Für die Regelung der maroden Finanzen holte sich Christina einen angeblichen Fachmann an den Hof, einen gewissen Johan Palmstruch.

2.3.1 Die Innovation des Johan Palmstruch

Palmstruch war nicht unter diesem Namen geboren. Er kam 1611 als Sohn des Kaufmanns Reinholdt Wittmacher unter seinem Geburtsnamen Johan Wittmacher in Riga zur Welt. Riga hatte bis dahin lange Zeit unter der Herrschaft des Deutschen Ordens gestanden und war somit eine über Jahrhunderte gewachsene wichtige deutsche Handelsstadt der Hanse. Nachdem Riga sich schon 1522 der Reformation angeschlossen hatte, gelangte die Stadt in Zwistigkeiten mit ihren bisherigen katholischen Herren und fiel für einige Jahrzehnte unter die katholische Herrschaft der Polenkönige. Gustav II. Adolf machte mit diesen Verhältnissen 1621 Schluss. Er eroberte die Stadt und gliederte sie seinem schwedischen Reich ein. Bemerkenswert ist,

27

dass Riga damit seinerzeit die zweitgrößte Stadt im Schwedischen Reich wurde. Welche Macht Schweden damals im Baltischen Meer (im deutschen Sprachgebrauch ist von der Ostsee die Rede) hatte, ist auch daran zu erkennen, dass die älteste schwedische Universität in Greifswald (heute Mecklenburg-Vorpommern) gegründet wurde.

Abbildung 4
Johan Wilhelm Palmstruch

Wie dem auch sei, der junge Johan Wittmacher war ein eher deutsch geprägter Kaufmannssohn. Schon in frühen Jahren begab er sich in das damals wirtschaftlich sehr bedeutende Amsterdam. Was immer er dort für Geschäfte tätigte, sie führten 1639 zu seiner Verhaftung, wahrscheinlich wegen unbeglichener Schulden. Nach seiner Freilassung 1646 folgte er dem Ruf von Königin Christina nach Schweden und wurde 1651 unter dem Namen Palmstruch geadelt. Die Königin berief ihn zunächst auf eine Stelle als *Commissioner im National Board of Trade*. Er erarbeitete verschiedene Vorschläge für eine Reform des Bankenwesens, nach niederländischem und deutschem Vorbild.

Dieser Prozess dauerte jedoch an. Inzwischen, 1654, war Christina als Königin zurück getreten und ihre Nachfolge trat der erst neunundzwanzigjährige Karl X. Gustav an. Unter dessen Regentschaft legte Palmstruch ein Bankkonzept vor, das die Zustimmung des Königs bekam, weil dieser künftig zur Hälfte an den Gewinnen der Bank beteiligt sein sollte. So wurde 1657 die Palmstruch Bank gegründet. Die besondere Innovation, die auf Johan Palmstruch zurückgeführt wird, war die Einführung von so genannten *Kreditivsedlar* den ersten europäischen Banknoten überhaupt im Jahr 1661. Die Idee dahinter ist, statt ständig schwere Münzen zu tragen und zu tauschen, es künftig nur noch mit einem Papier zu tun zu haben. Damit Jedermann dem Stück Papier auch vertrauen konnte, musste allerdings seine vollständige Deckung des nominalen Wertes durch eine entsprechende Menge Gold und Silber seitens der Bank garantiert sein. Das ist die Geburtsstunde des Papiergeldes in Europa, welches im Übrigen in China bereits lange zuvor eingeführt worden war.

3 Der Zweck heiligt die Mittel, Geldbeschaffung für Kriege

Im ausgehenden 17. Jahrhundert können wir in zwei europäischen Nationen eine für die königlichen Regierungen sehr ähnliche Ausgangssituation feststellen, auch wenn der historische Hintergrund doch recht unterschiedlich ist.

3.1 Revolution in- und Kriege mit England

In England gehen die seit der monarchistischen Restauration andauernden innenpolitischen Kämpfe in eine entscheidende Phase. Es stehen sich gegenüber: Die absolutistisch, katholischen Herrschaftsansprüche von James II., dem ehemaligen Herzog von York aus dem Hause Stuart. Dagegen, das auf seine tradierten Rechte beharrende, bereits anglikanisch-protestantisch dominierte Parlament.

James II. älteste überlebende Tochter Mary, die, obgleich eine Stuart, noch protestantisch erzogen worden war, hatte 1677 ihren Cousin Wilhelm III von Oranien, seinerzeit Statthalter der Vereinigten Niederlande geheiratet. Als James II., in zweiter Ehe mit der streng katholischen Maria Beatrix von Modena verheiratet, 1688 ein Sohn geboren wurde, befürchtet das Parlament, dass durch das Haus Stuart auf Dauer eine absolutistisch- katholische Dynastie in England etabliert werden könnte.

So trug das Parlament beiden, Mary und Wilhelm von Oranien, die Königskrone an. Wilhelm, finanziell kräftig unterstützt von einem der reichsten niederländischen Bankiers seiner Zeit, Francisco Lopez Suasso, landete im November 1688 mit starken militärischen Einheiten in England. James II. musste einen Kampf als aussichtslos ansehen, nachdem viele Adlige von ihm abgefallen waren. Er floh nach Frankreich ins Exil und warf auf der Flucht das Staatssiegel in die Themse. Dieser Akt wurde vom Parlament als Abdankung interpretiert. Freilich ließ sich das Parlament seine Unterstützung für die beiden neuen Thronanwärter Wilhelm III. von Oranien und Mary gewissermaßen teuer bezahlen. Die beiden mussten der berühmten *Bill of Rights* zustimmen, die die Rechte und Pflichten von König und Parlament klar definierten und abgrenzten. Vor allem aber ging in Sachen Finanzen nichts mehr ohne die Zustimmung des Parlaments.

Aber nicht nur im Innern Englands herrschten ungewisse Zustände. Vor allem in den äußeren Beziehungen befand sich England de facto in einem Dauerkriegsverhältnis.

Die Vertreibung von James II. vom Englischen Thron blieb nicht ohne Nachwirkungen. Natürlich versuchte der geflüchtete Schwiegervater von Wilhelm von Oranien nachdrücklich seinen verlorenen Thron wiederzubekommen. Vor allem mit Unterstützung Frankreichs versuchte James II. über Irland gegen Wilhelm zu intervenieren. Diesem gelang es 1690 seinen Schwiegervater erneut zu besiegen.

Dann verstarb am 1. November 1700 der kinderlose spanische König Karl II. Er war der letzte Habsburger auf dem spanischen Thron. Sofort kam es zum so genannten *Spanischen Erbfolgekrieg*. Die Habsburger und das Deutsche Reich, Großbritannien und die Niederlande verbündeten sich gegen eine Allianz aus Frankreich, Savoyen, und den deutschen Kurfürstentümern Köln und Bayern. Wilhelm von Oranien verstarb mitten in dieser schwierigen Zeit. Seine Schwägerin und Thronfolgerin Anne zeigte sich kampfeslustig. Sie griff weiter in den Spanischen Erbfolgekrieg ein, der im übrigen nicht nur in Europa, sondern auch auf dem Nordamerikanischen Kontinent geführt wurde. Der von Königin Anne eingesetzte John Churchill, 1. Duke von Marlborough, erlangte in der Schlacht bei Blenheim bereits 1704 den entscheidenden Sieg gegen die Franzosen und Bayern. Erst infolge dessen ließ der Franzosenherrscher Ludwig XIV. endgültig seine Unterstützung für das Haus Stuart fallen.

Zeitgleich tobte um die Ostsee herum der *Große Nordische Krieg*, um die Vorherrschaft im Baltikum. England war in diese Auseinandersetzungen seit 1700 ebenfalls, wenng eich nicht an führender Stelle, involviert.

3.2 Kriege Schwedens

Zum ausgehenden 17. Jahrhundert hatte es Schweden zu der Großmacht rund um das Baltische Meer (Ostsee) gebracht. Die Feldzüge Gustav II. Adolf hatten dem Schwedenreich nicht nur diverse Besitzungen im Heiligen Römischen Reich Deutscher Nation, etwa wie das Herzogtum Bremen-Verden, Vorpommern und Rügen eingebracht. Ganz Finnland, Estland und Livland, sowie das *Ingermanland*[5] gehörten nun auch zu Schweden. Abgesehen von Dänemark und damit den Wasserstraßen Großer und Kleiner Belt kontrollierte somit Schweden nicht nur die ganz Ostsee, es hielt vor allem Russland von jeglichem Zugang zu diesem Binnenmeer ab.

---

[5] Das Ingermanland war eine Provinz, etwa zwischen dem heutigen Estland und Finnland gelegen. Bekanntlich ist heute der einzige Zugang Russlands zur Ostsee (von der Nachkriegsenklave halb Ostpreußens mal abgesehen) ein schmaler Landstrich um St. Petersburg herum. Das zeigt die enorme strategische Bedeutung dieser Provinz, um die der spätere russische Zar Peter I. erbittert kämpfte und seine neue Hauptstadt St. Petersburg genau dort gründete.

Das störte vor allem den jungen aufstrebenden Herrscher Russlands Zar Peter I. genannt der Große. Dieser wollte Russland modernisieren und kräftig Handel treiben. Dazu benötigte Zar Peter vor allem einen Zugang zu- und freie Fahrt durch die Ostsee. 1703 hatte Peter an der in die Ostsee mündenden Newa seine neue Hauptstadt St.Petersburg gegründet. Peter, persönlich in Holland im Schiffsbau ausgebildet, trieb seine Bemühungen mit Macht voran.

Der Sachsenherzog August II., genannt der Starke, aus dem Hause Wettin, war seit 1697 auch König von Polen und erhob Ansprüche auf das von Schweden vereinnahmte Litauen. Selbstredend konnte auch der König von Dänemark kein Freund oder gar Verbündeter Schwedens sein. Schließlich machten sich auch Preußen und England, wenngleich auch aus unterschiedlichen Gründen, Sorgen um die Situation rund um das Baltische Meer.

In diese Gemengelage wird im Jahr 1697, im Alter von nur fünfzehn Jahren, der junge Karl XII. König von Schweden. Der sehr gut ausgebildete aber auch sehr arrogante Karl wird ab März 1700 mit einer gemeinsamen Kriegserklärung von Dänemark, Sachsen und Russland konfrontiert. Von da an führt Karl XII. bis zu seinem gewaltsamen Tod 1718 ein ständiges Leben im Krieg. Karl führte seine Truppen selber an. Er kämpfte gegen Dänemark, zog von Norden nach Süden und kreuz und quer durch Russland, um schließlich im Osmanischen Reich Zuflucht suchen zu müssen. Von dort regelrecht vertrieben, schaffte es Karl bis ins schwedische Pommern nach Stralsund. Dort machte er sich allerdings die Preußen zu Feinden. Wieder einmal musste Karl im Winter 1715 abenteuerlich vor seinen Feinden fliehen und kehrte schließlich nach Schweden zurück. Noch einmal versucht er sich in norwegischen Landen gegen die Dänen. Doch wurde er 1718 während einer Belagerung von einer Gewehrkugel getroffen und starb.

Achtzehn Jahre mit Karl XII. und dann noch weitere drei Jahre im Krieg – der Nordische Krieg endete endgültig erst mit dem Vertrag von Nystad am 10. September 1721 – hatten Schweden wirtschaftlich völlig zum Darniederliegen gebracht. Schweden hatte rund zehn Prozent seiner Bevölkerung eingebüßt, in den finnischen Besitzungen waren es gar 16 Prozent. Schweden verlor seine Rolle als Großmacht im Norden Europas. Dafür stieg Russland an dessen Stelle zu einer neuen Großmacht auf.

Finanziert wurde das schwedische Kriegsdesaster, genauso wie die britischen Kriegsunternehmungen, inzwischen mittels Steuern, Kriegsschuldscheinen und Notenbankgeld. Reichen Adligen, Großkaufleuten, Bauern und in den Kirchenbesitz wurde inzwischen nicht mehr so direkt in die Taschen gegriffen, wie das noch etwa einhundert Jahre zuvor durchaus üblich war. Angelpunkt des Geldflusses war bereits das Notenbankgeld geworden. Doch mit dem Notenbankgeld kamen zwei Probleme daher, die von Anfang an das Vertrauen in diese Geldform begleiteten: die Frage der Wertdeckung durch Edelmetal und die Frage der Inflation.

4 Deckung des Papiergeldes durch Edelmetalle

4.1 Anfänge des Papiergeldes

Man muss schon einmal versuchen sich in einen europäischen Menschen des späten 17. Jahrhunderts zu versetzen, um auch nur annähernd zu begreifen, welche Neuerung die Einführung von Geldnoten als Münzersatz bedeutete.

Münzen im weitesten Sinn kannte man bereits seit etwa 3 600 Jahren. Als regelrechtes Zahlungsmittel sind Münzen aus dem kleinasiatischen Reich der Lyder seit dem siebten vorchristlichen Jahrhundert bekannt. Immerhin noch rund 2 400 Jahre konkrete Münzgeschichte. Die einzig bis dahin bekannte und praktizierte Alternative zu Münzen als Zahlungsmittel war der direkte Tauschhandel.

Münzen bestanden zumeist aus Edelmetallen, ganz früher auch schon mal aus Kupfer oder Bronze, zumeist jedoch aus Gold. Seltener waren lange Zeit Silbermünzen, da dieses Edelmetall bis zum Ende des Mittelalters sehr viel weniger gefördert und damit wertvoller war als Gold.

Münzen aus Edelmetall waren stets eine handfeste Sache. Man konnte sie im Klingelbeutel mit sich herum tragen, darauf herum beißen und sie vergammelten nicht. Münzen ließen sich seit Archimedes unproblematisch auf ihren Reinheitsgehalt prüfen und eigneten sich hervorragend für die Propaganda von Herrschern. Zur Not konnte man Jemanden mit einer Menge Münzen im Beutel auch noch schlagen, sie kamen also auch zur Selbstverteidigung in Frage. Auf der Flucht ein paar Münzen in eine Menschenmenge geworfen, half Verfolgern zu entkommen. Münzen waren Bestandteil religiöser Riten, wie etwa im antiken Griechenland den Toten eine Münze in den Mund zu legen, als Entgelt für den Fährmann über den Unterweltfluss Styx. Münzen eigneten sich besonders zu Bestechung und Verrat. Der berühmteste davon ist der Lohn des Judas für den Verrat an Jesus. 30 Silberlinge, die damals weitaus mehr wert waren als Gold, wie weiter oben gerade geschrieben wurde.

Münzen zu fälschen war immer ein schweres Vergehen. Das Recht überhaupt Münzen zu prägen war immer ein Herrschaftsrecht gewesen. Somit untergrub die Verfälschung von Münzen nicht nur deren nominalen Kaufkraftwert, sondern auch die Autorität des jeweils herausgebenden Herrschers. Gleichwohl waren Münzverfälschungen auch politisch durchaus an der Tagesordnung. Im Deutschen gibt es dafür sogar ein Wort *„Kippen"*, was eigentlich so viel wie „Aussortieren" heißt. Leute die das machten nannte man *„Kipper"*. Ein böses Ohmen für alle Träger dieses Nachnamens.

Was dagegen war schon eine Banknote? Anfangs noch eine von Hand geschriebene Urkunde. Ursprünglich nur von irgendwelchen Privatleuten herausgegeben, ohne jegliche staatliche Garantie. Eine Banknote war auch physisch ein leicht instabile Sache. Papier wird schnell absichtlich oder unabsichtlich zerrissen. Ins Feuer geworfen geht es, ganz anders als Münzen aus Metall, sofort in Flammen auf und verbrennt. Ist die Banknote weg, ist auch das Geld weg, dessen Gegenwert sie verspricht. Eine Menge spricht gegen den Gebrauch einer Banknote, aber anders als Münzen lässt sich eine Banknote ganz leicht transportieren.

Dem neuen Zahlungsinstrument Vertrauen entgegen zu bringen, war keine leichte Sache. Um es überhaupt einer Klientel schmackhaft zu machen, ja es nach und nach in der Bevölkerung zu verbreiten, wurde von Anfang an der Wert einer Banknote mit einer Garantie für einen Umtausch in eine gleichwertige Menge Gold oder Silber in Verbindung gebracht. Schon Johan Palmstruch hat den Wert seiner allerersten Banknoten durch einen Eintausch in Gold abgesichert. Die Edelmetalldeckung der Banknoten war erfunden!

4.2 Die fatalen Folgen von Bretton-Woods

Bis heute wird an dieser fixen Idee festgehalten, eine Währung durch eine garantierte Eintauschmenge von Gold in ihrer Werthaltigkeit abzusichern. Selbst ganz aktuell, in diesen Zeiten mannigfaltiger Finanzkrisen hantieren einige Volkswirtschaftler immer wieder gerne mit der These herum, alles würde besser sein und werden, wenn die Währungen nur wieder einem Goldstandard folgten.

Dabei ist es aber gerade mal etwas mehr als siebzig Jahre her, dass man im amerikanischen Kurort *Bretton-Woods*, gelegen im US-Bundesstaat New Hampshire, im Juli 1944 zu einer Konferenz zusammen kam, bei der für die anstehende Nachkriegszeit eine neue Weltwährungsordnung beschlossen wurde, das in der Finanzgeschichte so überaus wichtige und berühmte Abkommen von Bretton-Woods (hierin nur noch kurz als Bretton-Woods bezeichnet).

Obwohl von dem weltberühmten britischen Ökonomen John Maynard Keynes ein für diese Zeit bereits sehr fortschrittlicher Plan zur Einführung einer internationalen Verrechnungseinheit namens *Bancor* auf den Verhandlungstisch gelegt wurde, setzt sich der amerikanische Verhandlungsführer Harry Dexter White durch.

Abbildung 5
John Maynard Keynes (r.) und Harry Dexter White (l.)
auf der Gründungskonferenz des
Internationalen Währungsfonds am 8. 3. 1946

Der sogenannte White-Plan sah eine feste Wechselkursbindung aller Währungen auf der Welt zum US-Dollar vor. Der Dollar wiederum wurde zu einem festen Tauschverhältnis an reines Gold gebunden. Vertraglich vereinbart waren 35 Dollar für je eine Feinunze Gold. Das entspricht einer Menge von 31,104 Gramm je Unze. Zur Deckung wurde der gesamte Goldschatz der Vereinigten Staaten herangezogen, damals wie heute der bei weitem größte Goldhort aller Zeiten.

Abbildung 6
Mount Washington Hotel im Kurort Bretton Woods Austragungsort der Konferenz von Bretton-Woods

Dieses System klappte anfangs auch ganz gut. Die USA hatten sich während des Zweiten Weltkriegs zum Nettogläubiger fast aller freien Länder auf der Welt gemacht. Deutschland und Japan standen unter alliiertem Diktat. Die größte Anzahl aller heutigen Staaten auf der Welt existiert aber noch gar nicht, denn die Kolonialreiche von Großbritannien, Holland, Frankreich und von Portugal waren noch weitgehend intakt. Die kommunistischen Staaten der Sowjetunion und der Volksrepublik China wurden aus ideologischen Gründen trotz ihrer enormen Größe selbstredend ausgeblendet.

Würde man sich das Gold der USA wie einst den sagenhaften Ring der Nibelungen vorstellen und eine Textstelle aus J.R.R. Tolkiens Herr der Ringe leicht abwandeln, könnte man auch sagen:

Ein Ring sie knechten,
sie alle zu finden,
in Abhängigkeit zu treiben
und ewig zu binden[6].

Tatsächlich wurden in der Nachkriegszeit vor allem in den Fünfziger-
und frühen Sechziger Jahren des 20. Jahrhunderts die meisten Länder
zu willkommenen Absatzmärkten für amerikanische Waren. Doch ist es
in der Realität, Gott sei dank, weder mit der literarischen Knechtschaft
noch mit der Ewigkeit wirklich lange her. Denn inzwischen hatten sich
die Verhältnisse teilweise umgekehrt. Amerika, das wie kein zweites
Land auf der Welt nicht bereit ist, seine Schulden gegenüber anderen
zurück zu zahlen, importierte mehr und mehr Waren von irgendwo her,
nur weil sie außerhalb Amerikas billiger hergestellt werden konnten.
Und viele Länder Europas hatten sich zwanzig Jahre nach dem Zweiten
Weltkrieg wirtschaftlich so weit entwickelt, dass sie zusammen den USA
durchaus Paroli bieten konnten. Das galt vor allem für die, in der
Europäischen Wirtschaftsunion zusammengefassten Länder des
BENELUX, Frankreichs, Deutschlands und Italiens.

Abbildung 7
US Bullion Deposit
bekannt als Fort Knox im US Bundesstaat Kentucky

---

[6] In Tolkiens Original heißt es: „Ein Ring sie zu knechten, sie alle zu finden, ins Dunkel zu treiben
und ewig zu binden", bzw. in der Schwarzen Sprache Mordors: Ash nazg durbatulûk, ash nazg
gimbatul, ash nazg thrakatulûk, agh burzum-ishi krimpatul, also: Ein Ring sie zu knechten, ein Ring
sie zu finden, ein Ring sie ins Dunkel zu treiben und ewig zu binden.

So kam 1968 der damalige französische Staatspräsident Charles de Gaulle aus verschiedenen Gründen auf die Idee, den Vertrag von Bretton-Woods beim Wort zu nehmen und forderte von den USA alle französischen Dollarguthaben in pures Gold einzutauschen und an Frankreich auszuliefern. Es stellte sich heraus, dass die im berühmten Fort Knox eingelagerten Goldreserven Amerikas nicht einmal annähernd ausgereicht hätten auch nur ein einziges Mitgliedsland von Bretton-Woods in Gold auszuzahlen. US-Präsident Richard Nixon hob mit Wirkung des 15. August 1971 überraschend die Goldbindung des Dollar auf. Das Abkommen von Bretton-Woods auf der Basis des White-Plans stellte sich als gescheitert heraus.

Danach kam es zunächst zum freien Fall des Wechselkurses des amerikanischen Dollars. Es entstand ein neuer Markt, den die Finanzinstitute wie selbstverständlich für sich in Anspruch nahmen: der Devisenmarkt war geboren. Für die Zentralbanken stellte sich die Frage, ob sie zur Pflege der Wechselkurse ihrer jeweiligen Landeswährung an den Devisenmärkten intervenieren sollten. Eine Erörterung dieses Fragenkomplexes wird hier an späterer Stelle vorgenommen.

Das Scheitern von Bretton-Woods war weder einmalig noch neu. Schon lange vorher waren Versuche, eine Währung an einen Goldstandard zu binden immer wieder gescheitert. So sollte es auch den allerersten Banknoten des Johan Palmstruch ergehen.

Dennoch, der Siegeszug zunächst des Papiergeldes und später des Buchgeldes war nicht mehr aufzuhalten. Aus Gründen der allgemeinen und gleichen Gültigkeit der neuen Papierwährung und zur Sicherstellung von deren Ausgabe und Umlauf in einem Land, war die Einrichtung einer zentralen Institution als immer sinnvoller zutage getreten. Daneben hatten Souveräne mit diesen zentralen Banken eine zuverlässige technische Stelle gefunden, die ihnen die Finanzierung zur Durchführung ihrer politischen Entscheidungen erheblich leichter machte. Spätestens seit Beginn des 18. Jahrhunderts war die Entwicklung der volkswirtschaftlichen Bedeutung von Zentralbanken nicht mehr aufzuhalten.

5 Das ewige Problem der Inflation

5.1 Erklärungsversuche für Inflation

Älter noch als die fragwürdigen Versuche Papiergeld durch eine bestimmte Menge Edelmetall zu decken, ist das Problem der Inflation. Es betraf bereits lange vor der Einführung von Papiergeld auch das Münzgeld und ist wahrscheinlich ein Phänomen, dass so auch in einer reinen Tauschwirtschaft auftaucht.

Man kann Inflation auf eine sehr wissenschaftliche Art und Weise erklären, obwohl gerade die Ansätze zur wissenschaftlichen Erklärungsmethodik seltsamerweise kaum zweihunderthundert Jahre alt sind. Das klingt für ein so außerordentlich altes Phänomen wie die Geldentwertung doch eher unwahrscheinlich. Wie haben sich in den vergangenen 7 000 Jahren historischer Wirtschaftsgeschichte Menschen die Inflation eigentlich erklärt? Es ist anzunehmen, dass sie es zu allen Zeiten genauso gemacht haben, wie es der Normalbürger noch heute tut. Man merkt ganz einfach, dass man für die gleichen Sachen immer mehr Geld bezahlen muss.

Eine der natürlichsten Erklärungen für die Preissteigerung ist das Argument der Verknappung von Waren, wissenschaftlich ausgedrückt: der *Angebotsdruckinflation*. Das kann man vor allem im agrarischen Sektor gut nachvollziehen. Fällt in weiten Gebieten, etwa aufgrund von Wetterunbilden, massenhaft eine Ernte aus, werden diese Güter knapp und für das Wenige was überhaupt produziert werden kann, lassen sich leicht höhere Preise durchsetzen.

Viel tückischer sind schon nicht mehr ohne weiteres nachvollziehbare Preissteigerungen. So zum Beispiel die *Nachfragesoginflation*. Das mag, wenngleich auch auf grausame Art, noch zu verstehen sein, wenn es plötzlich zu einem Krieg kommt und alle Güter für die Waffenproduktion schlagartig an Wert zunehmen. Weniger verständlich ist dieser Mechanismus aber bereits zum Beispiel bei Grundstücken. Nur weil ein bestimmter Landabschnitt für eine meist doch überschaubare Anzahl von Klienten auf einmal als Wohnort sehr begehrt wird, steigen für die entsprechenden Objekte die Preise an? Das lässt sich rational schon so gut wie nicht mehr logisch erklären. Denn es hat zutiefst etwas mit einer menschlichen Regung zu tun, die so sonst nicht in der Natur vorkommt, dem Prestige.

Genau bei der Preisentwicklung von Immobilien stößt man aber auch auf ein anderes elementares Wirtschaftsproblem: das der plötzlichen

Preisblasen und deren ebenso schnelles Platzen. Das ist bei Immobilien insofern zusätzlich problematisch, weil es in der Regel einhergeht mit einem schnellen Ansteigen von Finanzierungsvolumen. Immobilienpreise übersteigen regelmäßig die Barreserven der potentiellen Käufer. Um das gewünschte Objekt überhaupt erwerben zu können, leihen sich die Käufer daher Geld. Dessen Rückzahlung wird auf lange Zeit gestreckt. Darüber hinaus sind für das geliehene Kapital bis zum Schluss zusätzlich nicht unerhebliche Zinsen zu zahlen. Diese treiben den nominalen Geldwert des Objekts in die Höhe. Weiter erhofft sich der Erwerber einer Immobilie häufig, wie selbstverständlich eine Wertsteigerung seines Objekts. Diese sollte im Laufe der Zeit erheblich ausfallen. Im Falle eines späteren Wiederverkaufs der Immobilie, sollte nicht nur der ursprüngliche Einkaufspreis zuzüglich aller Finanzierungs-kosten, sondern auch noch eine angemessene Wertsteigerung im Sinne einer rentierlichen Geldanlage dabei heraus springen. Das ist bei Immobilien ein weiteres stark inflationäres Element.

Allerdings, warum sollte für ein Gut, welches wie alle anderen auch einer normalen Abnutzung unterliegt, irgendjemand nach Jahren oder gar Jahrzehnten des Gebrauchs einen viel höheren Preis zahlen, als es der Ersterwerber einst selbst getan hat? Das Einzige was hier argumentativ heran gezogen werden könnte, wären vielleicht die inzwischen gestiegenen Arbeits- und Materialkosten für die Errichtung einer neuen Immobilie und die gestiegenen Einkommen der Folgeerwerber. Eine Immobilie allein für sich, rechtfertigt keinerlei Preissteigerungen und schon gar keine erhöhte Finanzierung. Es ist dieser grundlegende Irrtum der Volkswirtschaften über das Funktionieren von Immobilienmärkten, die bei diesen immer wieder zu Preisblasen und Kreditblasen führen. Die Rechnung beim Platzen der Blasen müssen dann unter Umständen alle bezahlen.

Dieses Beispiel zeigt aber in Richtung auf eine weitere Inflationsursache: die Steigerung von Arbeitseinkommen. Das Löhne und Gehälter von Menschen in abhängigen Arbeitsverhältnissen überhaupt steigen, aber nur eher selten auch wieder absinken, wird von den Vertretern der Arbeitnehmer regelmäßig mit ständig steigenden Kosten der Lebenshaltung begründet. Was dabei allerdings das Huhn und was das Ei ist, hat auch die moderne Volkswirtschaft bis heute nicht eindeutig beantworten können. Steigen die Preise nun, weil die Löhne steigen oder ziehen die Löhne an, weil die Preise steigen?

5.2 Erfahrungen aus dem 20. Jahrhundert

Mit der Inflation haben wohl auch schon die antiken Sumerer und die alten Ägypter kämpfen müssen. Historisch wesentlich besser belegt, sind verschiedene Inflationsereignisse aus der Geschichte der Neuzeit.

Bestens dokumentiert und heute noch gut von Zeitzeugen beschrieben, sind die wirtschaftlichen Katastrophen des 20. Jahrhunderts. Kein Volk dieser Epoche weiß darüber mehr zu berichten als das der Deutschen. Aber auch an keinem Fall lässt sich besser darstellen, was für ein Trugbild die Inflation eigentlich ist, als an der so genannten Hyperinflation der frühen 1920er Jahre.

Nachdem das kaiserliche Deutschland 1919 den Ersten Weltkrieg verloren hatte, bürdeten die alliierten Siegermächte, unerbittlich allen voran die Franzosen, den Deutschen überproportionale Kriegs-entschädigungen auf. Gegen alle vor allem von englischer und amerikanischer Seite vorgetragene Vernunft sollte Deutschland nicht nur für alle erdenklichen Kriegskosten der Alliierten zahlen, sondern auch noch sonstige Entschädigungen leisten. So forderte man von Deutschland beispielsweise am 5. Mai 1921 allein in Geld 132 Milliarden Goldmark, was in etwa einem heutigen Gegenwert von 700 Milliarden Euro entspricht. Darüber hinaus sollte Deutschland über 26 Prozent seiner Ausfuhrerlöse den Siegermächten überlassen, den größten Teil seiner Handelsflotte abgeben und selbst zwei Luftschiffe an die Amerikaner ausliefern, die von dieser Technik seinerzeit sehr fasziniert waren. Mancher Politiker von heute sollte sich gerade einmal mehr mit diesem Thema auseinandersetzen, wenn es um die Frage der aktuellen Griechenlandkrise geht.

Abbildung 8
100 Billionen Mark Reichsbanknote

Natürlich war auch für ein wirtschaftlich so tatkräftiges Land wie Deutschland die Begleichung solcherart von Forderungen auf Dauer auch nicht im Ansatz möglich. Sinkende Staatseinnahmen einerseits und steigende Staatsausgaben andererseits führten ganz schnell zu gewaltigen Defiziten in Deutschland. Diese wurden im deutschen Inland allein durch die vermehrte Ausgabe von Banknoten gedeckt. Schnell kam es zu einer Hyperinflation. In der Spitze gab es Inflationsgeld mit einem Nominalwert von hundert Billionen Mark. Bei einer monatlichen Preissteigerung von über 32 000 Prozent konnte der Nominalwert des Geldes gar nicht schnell genug auf den Scheinen angepasst werden. Ein unhaltbarer Zustand.

Die spezielle Lösung in diesem Fall war die Einführung einer neuen Währung (eigentlich keine Währung, sondern spezielle Schuldscheine), der so genannter *Rentenmark*. Diese basierte allein auf Sachwerten. Mit einem Umtauschverhältnis von 1 Rentenmark zu 1 Billion Reichsmark per 20. November 1923 endete die Hyperinflation schlagartig. Obwohl die Rentenmark kein gesetzliches Zahlungsmittel war, steckten die Menschen in sie so viel Vertrauen, dass die Rentenmark wegen ihrer andauernden Knappheit der damals aktuellen Inflation ein Ende bereiten konnte.

Während der Hyperinflation und auch noch lange danach, kam es zu Protesten, Aufständen, Plünderungen und ähnlichen Gewalttätigkeiten. Eine weit verbreitete Armut und Arbeitslosigkeit vermittelten das Gefühl, dass nichts und niemand in Deutschland mehr sicher war. Dieses Gefühl verankerte sich tief im Volksgedächtnis der Deutschen. Sogar über Generationen hinweg, die die tatsächlichen Ereignisse nicht mehr selbst erlebt hatten. Sogar bis heute!

Aufgrund dessen wurde spätestens nach dem Zweiten Weltkrieg und im Zuge des Aufbaus unseres heutigen Zentralbankwesens, neben der Ausgabe von Banknoten und der reibungslosen Aufrechterhaltung eines volkswirtschaftlichen Zahlungsverkehrs, die Inflationsbekämpfung **die** wichtigste Aufgabe moderner Zentralbanken.

Die Amerikaner machten in den 1930er Jahren, im Zuge einer tiefen Wirtschaftsdepression und einer Deflation ihres Dollars, eine genau umgekehrte Volkserfahrung. In deren Verlauf verarmten allerdings auch breite Bevölkerungsschichten. Bis heute haben die Amerikaner den Schrecken eines solchen wirtschaftlichen Zusammenbruchs nicht überwunden. Infolgedessen unternehmen sie alles, um ihre Wirtschaft am Laufen und wenn möglich am Wachsen zu halten, selbst wenn es dafür zu ungeahnten Staatsverschuldungen, Kreditblasen und hohen Inflationsraten kommen sollte.

Die Lehren aus dieser Betrachtung sind:

* So konkret eine Inflation für jeden Einzelnen auch erlebbar sein mag, ein natürliches, zwangsläufig vorkommendes Phänomen ist sie dennoch nicht.

* Inflation lässt sich mannigfaltig in der wissenschaftlichen Theorie erklären. Dennoch ist Inflation gleichermaßen real wie auch nur eine Illusion.

* Tatsächlich gibt es keine wirklichen Gründe für eine Inflation, außer denen menschlicher Betrachtung und menschlichen Verhaltens. Inflation ist also eher ein soziologisches Problem, das im Grunde quasi nur nebenbei auch Auswirkungen wirtschaftlicher Natur hat.

5.3 Die neuesten Erkenntnisse über Inflation aus dem 21. Jahrhundert

Schon lange Zeit gehen wirtschaftliche Aktivitäten des Menschen von einer bestimmten Grundannahme aus, dem immer wieder gern in den Mund genommenen Begriff des *Wirtschaftswachstums*.

Auch diese Theorie, dass eine gesunde erfolgreich funktionierende Wirtschaft nur dann existieren kann, wenn sie langfristig wächst, ist eine der wissenschaftlichen Begründungen für die Tatsache, dass es eine Inflation geben muss. Man stellt es sich vereinfacht so vor: Geht man davon aus, dass es zu einem willkürlich festgelegtem Zeitpunkt eine bestimmte Menge an Gütern und Dienstleistungen gibt, dann entsprechen diese auch zeitgleich einem bestimmten Gegenwert in Geld. Wächst nun die Wirtschaft, also nimmt die Anzahl von Gütern und Dienstleistungen zu, muss auch zwangsläufig die Menge des Gegenwertes in Geld zunehmen. Ist die Zuwachsrate bei allen drei genannten Faktoren im selben Betrachtungszeitraum gleich groß, könnte man von einer gesunden Inflation sprechen, die nicht mehr macht als das Verhältnis der Größen im Gleichgewicht zu halten.

Daran hat sich die Wirtschaft trotz allem konjunkturellen Auf und Ab dermaßen gewöhnt, dass sämtliche wirtschaftlichen Planungen in die Zukunft hinein, einfach davon ausgehen, dass es langfristig immer zu einer gewissen Inflation kommen muss. Heute versuchen Zentralbanken nicht die Inflation auf einen Wert von Null zu bekämpfen, sondern sie in einem moderaten Wert von knapp unter zwei Prozent sogar zuzulassen.

Nach der jüngsten, oder auch in der immer noch andauernden, Finanzkrise zeigt sich allerdings ein neues Phänomen, das sogar erhebliche Auswirkungen auf die moderne Wirtschaft hat, nicht nur eine *Null-Inflation*, sondern sogar eine negative Inflation!

Dem sprachlich Begabten wird dieser Begriff zunächst nicht einleuchten, denn wenn die Inflation rein rechnerisch ins Negative umschlägt, müsste man an sich von einer Deflation sprechen. Es ist aber insofern hier schon richtig nicht von einer Deflation zu sprechen, da diese davon ausgeht, dass das Wirtschaftswachstum dabei auch schrumpfen würde. Das aktuelle Phänomen aber ist, dass Zentralbanken Milliarden und Abermilliarden in den Kreislauf der Finanzwelt pumpen. Dadurch müsste das Verhältnis zwischen der rasch zunehmenden Menge von Geld im Umlauf zu Wirtschaftsgütern eigentlich schon längst starke inflationäre Tendenzen zeitigen. Die statistischen Reaktionen sind aber nicht sehr einheitlich.

In Japan wird bereits seit zwanzig Jahren versucht, mit immer neuen Geld- und Kreditmitteln ein deutlich erkennbares Wirtschaftswachstum zu erzeugen. Von gelegentlich kurzfristigen Erfolgen abgesehen, gelingt das dort seit zwei Dekaden nicht.

In Amerika und im Europa der €uro-Zone wird diese Politik seit einiger Zeit ebenfalls ausprobiert. Die heute als *„Null-Zins-Politik"* und *„Quantitative Easing (QE)"* bezeichneten Maßnahmen führen aber auch seit Monaten zu keinem dauerhaft erkennbaren Erfolg. Zwar zeigt die Wirtschaft in beiden Volkswirtschaftszonen durchaus erkennbare Wachstumsansätze. Die Inflation aber mag einfach nicht anspringen.

Vor dem Hintergrund der Erfahrungen aus dem 20. Jahrhundert müssten die Verantwortlichen in Wirtschaft und Politik es vor lauter Glück eigentlich nicht fassen können. Endlich mal ein inflationsfreies, wenn auch moderates Wirtschaftswachstum. Dennoch nehmen die Sorgenfalten in den Gesichtern der Protagonisten eher noch zu.

Der Grund ist, was für bestimmte Branchen der Wirtschaft durchaus wünschenswert ist und auch dem Konsumenten bei der Beschaffung täglicher notwendiger Güter wie Lebensmittel, Brennstoffe und ähnlichen Verbrauchsgütern Freude macht, entwickelt sich in anderen Wirtschaftsbereichen und auch für den Verbraucher langfristig zum Fluch. Es geht hierbei vor allem um die Geschäftsmodelle und deren Güter, die ganz langfristig wie selbstverständlich von einer Inflation, zumindest im unteren einstelligen Bereich, und einen ebenfalls auf diesem Level befindlichen Zinssatz ausgehen. Es handelt sich um alle Geschäfte, die in weitester Form eine Art von Sparen voraussetzen und für angespartes Kapital auch eine gewisse Mindestverzinsung vorsehen.

Dabei geht es aber nicht nur um Lebensversicherung als einem klassischen Beispiel für einen langfristigen Kapitalsparvertrag. Betroffen sind Konsumenten und vor allem der Staat auch bei der Aufnahme von langfristigen Krediten. Beide Wirtschaftsparteien erhoffen sich durch eine Inflation, dass ihre Schulden auf Dauer teilweise entwertet werden. So müssen sie zwar den nominalen Kreditbetrag nebst Zinsen bezahlen. Sie rechnen aber damit, durch die Inflation nicht mehr die ganze reale Kostenkraft der Kredite und deren Zinsen berappen zu müssen.

Null-Inflation in einer modernen Volkswirtschaft ist also auch nicht recht. Bislang durfte man annehmen, dass es die Zentralbanken sind, die in jedem Fall die richtigen Instrumente in der Hand haben, um eine unkontrollierte Inflation zu bändigen. In der Hauptsache geht es dabei um die Steuerung der Geldmenge. Wir wissen bereits Inflation ist eigentlich ein Differenzausdruck zwischen dem Wachstum der Geldmenge und der Gütermenge auf einem definierten Zeitstrahl. Die Zentralbanken haben die Steuerung der Geldmenge in der Hand. Daher sollte man davon ausgehen, dass sie den Ausschlag einer Inflation auch steuern könnten. Jetzt muss man aber feststellen, dass Zentralbanken hinsichtlich einer Inflation nur dann etwas bewirken können, wenn es diese in den Statistiken auch tatsächlich gibt.

Inzwischen sollte aber klar geworden sein, wie illusionär eine Inflation tatsächlich ist und als solche eigentlich nur in determinierten Ausdrucksformen von Statistiken existiert. Es könnte also durchaus noch so sein, dass die angewandten und wissenschaftlich anerkannten statistischen Methoden gar nicht in der Lage sind, unter den aktuellen gesamtwirtschaftlichen Bedingungen eine Inflation überhaupt zu erkennen. Dann würden aber Maßnahmen der Zentralbanken, die auf unwirksamen Fakten beruhen, automatisch ins Leere gehen.

Wie man es auch dreht und wendet, beides Inflation und Wachstum sind theoretische Annahmen und Zentralbanken haben die schwierige Aufgabe das Eine zu regulieren ohne das Andere dabei abzuwürgen. Von außen betrachtet erscheint all das eher wie ein andauerndes Schattenspiel. Man sieht zwar die Schemen der Kulissen und der Beteiligten, aber wenn das Licht ausgeht, bleiben alle Geschehnisse im Dunkeln. Um bei diesem Bild zu bleiben kann man gar nicht anders als Berthold Brecht aus seinem Theaterstück *„Die Dreigroschenoper"* zu zitieren:

> *„ Und die Einen stehen im Dunkeln, und die Andern stehen im Licht,*
> *doch man sieht nur die im Lichte, die im Dunkeln sieht man nicht. "*

6 Reorganisation der Staaten und Aufbau des modernen Bankenwesens

Die Neuzeit hat seit dem späten 15. Jahrhundert das Mittelalter abgelöst. Das bedeutete vor allem die Aufgabe des alleinigen Wissensdogmas der Heiligen Schriften. Erkenntnisse wurden allmählich immer methodischer gewonnen und verbreiteten sich dank des Buchdrucks, auch ganz ohne ein Internet, in Windeseile. Der Horizont hatte sich endgültig von einer flachen Scheibe hin zu einer Kugel verändert. Die Erde steht nicht mehr im Mittelpunkt des Universums.

6.1 Neue Staatsorganisationen entstehen

Dennoch sind die Staaten in ihren Verfassungen, soweit man davon überhaupt reden kann, und ihren Strukturen weitestgehend mittelalterlich geblieben. Von wenigen Stadtstaaten abgesehen, ist die vorherrschende Staatsform die Monarchie. Es herrscht nicht nur immer noch die Vorstellung vor, bestimmte Adelsfamilien seien mit ihrer Herrschaft von Gott begnadet. In Frankreich hatte mit der Familie der Bourbonen eine Dynastie die Macht erklommen, die den Absolutismus, mit kräftiger Unterstützung der Kardinäle Richelieu und Mazarin, auf die Spitze trieb. Dabei handelt es sich um die widerspruchslose Herrschaft eines Fürsten, ohne sich jemals gegenüber einem Parlament, einer Adelsversammlung oder gar einem gewöhnlichen Gericht rechtfertigen zu müssen. Der absolute Monarch rechtfertigte sich allein gegenüber Gott. Anderswo, vor allem in Kontinentaleuropa, versuchen die Fürsten das französische Vorbild zu kopieren. Eine idealtypische mittelalterliche Vorstellung des Staatswesens mit den drei Ständen Klerus, Adel, Bürger und oder Bauern und einem gerechten Herrscher an der Spitze ist immer noch die Staatsform schlechthin.

Erst gegen Ende des 18. Jahrhunderts beginnt sich allmählich eine Alternative abzuzeichnen. Um den Wechsel vom 17. zum 18. Jahrhundert erschienen einige bemerkenswerte Denker auf der Bühne der Geschichte. In England erarbeitet *John Locke* (1632 - 1704) unter anderem ein neues Denkmodell über ein Staatswesen. Locke gesteht jedem einzelnen Menschen gewisse gottgegebene Rechte zu (Naturrecht). So etwa das Recht auf Leben und dessen Annehmlichkeiten, das Recht auf Gleichheit aller Menschen, das Recht auf Freiheit und das Recht auf Eigentum. Regierungen sind in Lockes Sinn Diener der gemeinsamen Interessen einer Zweckgemeinschaft. Daher sind Regierungen keineswegs gottgegeben, sondern spätestens dann austauschbar, wenn ihre Handlungen gegenüber der Gemeinschaft ungerecht seien.

Bereits bei Locke, spätestens aber bei *Charles-Louis de Secondat genannt Montesquieu* (1689 - 1755) kommt der Gedanke auf, eine Herrschaft in drei Gewalten zu teilen. Gesetzgebung (Legislative) Regierung (Executive) und Rechtssprechung (Judikative) sollten idealerweise in ihren Vollmachten so ausbalanciert sein, dass keine Gewalt über die andere die Oberhand gewinnt. Im besten Falle entsteht so eine, im Allgemeinen als gerecht angesehene, *Herrschaft der Institutionen*. Letztendlich setzt ein solches System dann doch demokratische Wahlen der einzelnen Gewalten voraus und mithin einen souveränen Rechtsakt des regierten Volkes.

John Locke (1632-1704)

Abbildung 9
Der englische Staatsphilosoph John Locke

Wenn man also im Weiteren den Begriff *Herrschaft der Institutionen*, im Gegensatz zur Herrschaft etwa eines Monarchen oder eines Diktators (antik: Tyrann) benutzt, kann man gleich zwei Aussagen machen:

1. Eine reine Demokratie im Sinne einer Drei-Gewalten-Herrschaft, auf der Basis einer direkten Wahl durch die regierten Bürger, ist nirgendwo auf der Welt und zu keinem Zeitpunkt bis heute verwirklicht worden. In keiner Verfassung ist es jemals dazu gekommen, dass die Diener der Dritten Gewalt, der Rechtssprechung, direkt vom Volkssouverän in ihre Ämter gewählt werden.

2. Eine Herrschaft der Institutionen bedeutet aber auch immer eine Herrschaft der Technokraten. Man kann durchaus mit einigem Recht bei modernen Demokratien auch ohne weiteres von Technokratien sprechen. Sich dem entgegen zu stemmen, ist die eigentliche Legitimation für die Existenz von Politikern und zum Teil auch von Richtern. Jenen Ersteren, auf Zeit gewählten, Vertretern des Volkssouveräns, obliegt es eigentlich, der Herrschaft der Technokraten entgegen zu wirken. Gleichwohl bleiben sowohl die Politiker, wie auch die, nur indirekt vom Souverän legitimierten, Richter bei der Umsetzung ihrer Entscheidungen aber vollständig von den Technokraten abhängig. In diesem verwickelten Netz von gegenseitigen Abhängigkeiten kann es dazu kommen, dass eine eigentlich technokratische Institution sich langsam selbst zu einer Scheingewalt im Staat entwickelt, ohne dafür jemals vom Souverän legitimiert worden zu sein. Es ist dies genau jene Entwicklung, die in machen Ländern und Staatsverbänden unserer Zeit die ein oder andere Zentralbank durchmacht. Es wird hier an anderer Stelle interessant sein, diese Entwicklung am Beispiel einiger Zentralbanken näher zu untersuchen.

Die weiter oben schon erwähnten ständigen Kriegsverwicklungen Englands in Europa hatten hohe Kosten verursacht. Der britische König, nach wie vor in Geldsachen immer klamm, drückte unter anderem auch seinen amerikanischen Kolonien immer höhere Abgaben auf. Anders als seine englischen Untertanen, war die Bevölkerung der Kolonien aber nicht im britischen Unterhaus vertreten. Der Ärger der Siedler machte sich denn auch in dem Motto *„no taxation without representation"* (dt. keine Besteuerung ohne – *parlamentarische* - Vertretung) Luft.

Am 4. Juli 1776 sollte es dann soweit sein. Ein Kontinentalkongress aus Vertretern der 13 britischen Kolonien verabschiedete eine Unabhängigkeitserklärung der Dreizehn Vereinigten Staaten von Amerika. Man klagte den bisherigen Souverän, den britischen König George III., unter anderem an, unrechtmäßig Gesetze in Kraft gesetzt zu haben, die Rechtssprechung zu behindern und zu korrumpieren, den

Handel zu behindern und Krieg gegen die eigenen Bürger zu führen. Die Liste der Anklagepunkte ist noch länger.

Ganz im Sinne von John Locke postuliert die Unabhängigkeitserklärung unter anderem:

- *dass alle Menschen gleich erschaffen seien,*

- *dass sie mit unveräußerlichen Rechten ausgestattet seien, wie Leben, Freiheit und das Bestreben nach Glückseligkeit und*

- *dass es ein Recht des Volkes sei eine verderbliche Regierung abzuschaffen*

Mit der amerikanischen Verfassung vom September 1787 und den Ereignissen der Französischen Revolution ab 1789 entsteht ein unumkehrbarer Prozess, in dessen Folge neben der Staatsform mittelalterlicher Monarchien die mögliche Staatsform einer demokratisch legitimierten Republik tritt. Diese gilt bis heute als die modernste Staatsform. Sie hat trotz aller Anfeindungen von Seiten des Absolutismus, des Kommunismus, des Faschismus und von Theokratien und Diktaturen, zumindest in ihrem Ursprungsland Amerika erfolgreich überlebt und sogar auf einige andere Länder ausgestrahlt.

Moderne Staatsformen, wie auch immer sie konstituiert sind, benötigen aber auch eine moderne Verwaltung. Von allen Themen moderner Staaten ist das Steuerthema das bei weitem ständigste und wichtigste. Steuern werden jetzt aber vor allem in Geld erhoben. Den professionellen Umgang mit Geld vertraut man den Banken an, die nun wie Pilze aus dem Boden schießen.

6.2 Ein modernes Bankenwesen baut sich auf

Banken, vor allem als Kreditgeber, hatte es bereits im Mittelalter gegeben. Es handelte sich jedoch nicht um Kreditinstitute im modernen Sinn. Eine der wesentlichen volkswirtschaftlicher Funktionen einer Bank, die so genannte *Losgrößentransformation*, also das Einsammeln vieler kleiner Depositen gegen das Ausleihen weniger großer Investitionsmittel, kam so nicht vor. Bei den frühen Bankiers handelte es sich in der Regel um sehr reiche Familien. Oft haben diese Familien ihr Kernvermögen mit dem Tuchgeschäft gemacht. Die Produktion und der Handel mit Tüchern, nicht nur zum Zweck der Bekleidung, war seit Jahrhunderten eines der einträglichsten Geschäfte überhaupt und ist es übrigens auch heute noch. Aber auch der Handel mit allerlei Waren führte eigentlich immer zu großem Reichtum. Der inzwischen langsam vor sich hin modernde Glanz von Venedig, ist immer noch ein heraus ragendes Beispiel für die immensen Gewinne, die man aus Handelsgeschäften bereits im Mittelalter realisieren konnte. Aus diesen Geschäften blieb schnell soviel Geld übrig, dass man es zur Anlage auch als Kredit verlieh. Kredite bekamen allerdings wiederum nur angesehene und machtvolle Familien. Eines des bekanntesten Beispiele ist das kaiserliche Herrscherhaus der Habsburger. Vor allem die zahlreichen Kriege denen sich die Habsburger stellen mussten, verschlangen immense Summen.

6.2.1 Privatbanken aus der Renaissance

Einer der bekanntesten Kreditgeber im 15. Jahrhundert war eine Familienlinie der *Fugger* in Augsburg. Der Ursprung des Fugger-vermögens stammte aus dem Webereigeschäft.

In Italien sehr einflussreich war unter anderen Familien das Haus der *Medici*. Auch sie gründeten ihren Reichtum im Textilhandel.

Bereits 1472 in Siena gegründet, gilt das Bankhaus *Monte dei Paschi die Siena* heute als die älteste noch existierende Bank der Welt.

Nicht ganz so alt, aber immerhin schon seit 1590 existiert die *Berenberg Bank* in Deutschland und gilt hier als die älteste Bank. Ihre Gründer waren aus Antwerpen stammende Großtuchhändler.

Eine andere Besonderheit ist in Deutschland das *Bankhaus Metzler*. Das 1674 von dem Tuchhändler Benjamin Metzler in Frankfurt am Main gegründete Bankhaus ist seitdem ununterbrochen bis heute im Familienbesitz.

Bereits 1748 gegründet betreibt das später so genannte *Bankhaus Gebrüder Bethmann* ab 1754 Bankgeschäfte ebenfalls in Frankfurt am Main. Lange Zeit verfolgte man aber auch den ursprünglichen Handel mit Textilien, Kolonialwaren und Farben weiter.

Mit *Sir Thomas Gresham* (1519 – 1579), Spross einer reichen englischen Kaufmannsfamilie, hat England bereits sehr früh einen erfolgreichen Finanzier, auf den unter anderem die Gründung der *Royal Exchange* als Londoner Börse 1565 zurück zu führen ist.

Dies sind nur einige Beispiele früher Banken in Europa, die zum Teil heute noch tätig sind. Allen gemein ist jedoch, dass es sich natürlich um Familienunternehmen handelt. Mit der zunehmenden Ausdehnung aller möglichen Unternehmungen, von der vorindustriellen Güterproduktion, über den sich bereits global erstreckenden Handel, bis hin zu Mehrfrontenkriegen auf unterschiedlichen Kontinenten, der Kapitalbedarf wuchs überall dramatisch schnell und die Zahlungsmittel moderner Staaten bedurften verbindlicherer Regeln.

6.2.2 Situation im späten 18. und ganzen 19. Jahrhundert

So kam es im nachrevolutionären Frankreich zur Gründung der Banque de France, zunächst als rein privatwirtschaftliches Kreditinstitut und auch nur mit räumlich begrenzten Aktivitäten. Vertrauen in Banknoten herzustellen war in Kontinentaleuropa eine schwierige Aufgabe. Im Zweifel verließen sich die Menschen lieber noch auf das edelmetallhaltige Münzgeld. Im Übrigen fehlten lange Zeit auch noch die rechtlichen Grundlagen, etwa für einen Annahmezwang von Banknoten. Dazu kam, dass das Ausgabeprivileg für Banknoten in vielen Ländern an verschiedene Banken vergeben wurden. Im Deutschen Bund wurde es schnell zu einer Prestigesache der Fürsten, ihre eigene Notenbank zu haben. Das galt auch für Freie Reichsstädte. Ab 1854 leistete sich die Freie Stadt Frankfurt am Main mit der Frankfurter Bank eine eigene Notenbank. Von den Bankhäusern Bethmann, Grunelius und Rothschild, sowie der Frankfurter Vereinskasse gegründet, fungierte die Bank bald als Zentralbank für die Frankfurter Privatbankhäuser. Später ist die Frankfurter Bank mit der Berliner Handelsgesellschaft zur BHF-Bank fusioniert worden und existiert mithin indirekt heute noch. Hier treffen wir auf ein Beispiel, wo sich eine andere wichtige Funktion einer Zentralbank abzeichnet, sie wird in einer frühen Form zu einer *Bank der Banken* (engl. *lender of last resort*).

Die Industrialisierung schreitet im 19. Jahrhundert mit mächtigen Schritten voran. Mit der ab 1825 aufkommenden Eisenbahn findet in mehrfacher Hinsicht eine nie vorher da gewesene gesellschaftliche

Revolution statt. Erstmals verfügen Menschen über ein Transportmittel, dass sich nach und nach um ein vielfaches schneller bewegt, als es Pferde können. Darüber hinaus lassen sich mit der Eisenbahn nie vorher gekannte Mengen von Gütern schnell und sicher auf dem Landweg transportieren. Voraussetzung für die Verbreitung dieses Transportmittels ist der Aufbau eines Schienennetzes. Zunächst immer dichter im eigenen Land angelegt, kommt es schnell zu grenzüberschreitenden, später kontinental umklammernden, Schienenanlagen. Die Transport- und Stückkosten sinken gewaltig. Ein vorher noch nie da gewesener Zeitrhythmus muss eingeführt werden. Auf einmal ticken ganze Länder und Kontinente *„pünktlich wie die Bahn"*.

Die Geldmittel, die für den Aufbau dieser riesigen Infrastruktur aufgebracht werden müssen, lassen sich nicht mehr nur von Privatbankiers allein aufbringen, seien sie auch noch so vermögend. Neue Kapitalsammelstellen müssen eingerichtet werden. Die schon lange existierenden Aktiengesellschaften, mit denen selbst Kleinstanleger zu gewaltigen Kapitalmengen beitragen können, erhalten eine moderne rechtliche Ausstattung und sprießen wie Pilze aus dem Boden.

6.2.3 Situation in Deutschland

In dieser Rechtsform werden auch neue anonyme Großbanken gegründet. Sei es in Deutschland auf Initiative der Industrie wie im Falle der *Deutschen Bank* oder des Handels wie bei der *Commerzbank* oder einer Neugründung aus einer bestehenden Privatbank heraus wie im Falle der bereits untergegangenen *Dresdner Bank*.

In Deutschland setzte mit der Gründung des Zweiten Deutschen Kaiserreichs in Geldsachen allmählich der Prozess einer Zentralisierung ein. Die Reichsbank wurde, allerdings noch als Privatbank, gegründet. Sie hatte zwar das Noterprivileg in Preußen, teilte sich dieses Recht aber zunächst mit 32 anderen privaten Notenbanken im ganzen Reichsgebiet. Die Anzahl der Notenbanken in Deutschland schrumpfte zwar, aber zuletzt endete das Ausgabeprivileg der lokalen Notenbanken von Baden, Bayern, Sachsen und Württemberg erst 1935, da bereits unter der Herrschaft der Nazis.

6.2.4 Entwicklung in England und den USA

Größter Tummelplatz für Banken war aber bereits London. Eine Vielzahl traditionsreicher privater Banken existierte neben bereits sehr großen Kreditinstituten. *Lloyds Bank*, schon 1765 in Birmingham gegründet, wuchs vor allem durch Ankäufe kleinerer Institute ab 1865 zur einer Großbank heran. Die *Barclays Bank* entwickelte sich ab 1736 vor allem im

Außenhandelsgeschäft zu einer Großbank. Hervorgegangen ist sie 1690 aus einer Goldschmiedefirma. Das war typisch in England im des ausgehenden 17. Jahrhunderts. Neben wenigen sehr landreichen aber immobilen Adligen hatten sich Goldschmiede in London nicht nur zu kapitalkräftigen Geschäftsleuten entwickelt, sie betätigten sich auch mehr und mehr als Verwahrer von Depositen und Wertgegenständen.

Eine der schillernden privaten Banken in England war zweifellos die *Barings Bank*. Hervorgegangen aus einem, 1717 von dem Bremer Kaufmann Johann Baring in Exeter gegründeten, Handelsgeschäft, war die Barings Bank bei der Finanzierung riskanter Projekte immer gerne ganz vorne mit dabei. Der berühmteste aller von der Barings Bank finanzierten Deals ist der *Louisiana-Purchase*. So wird der Ankauf allen Landes westlich der Appalachen und östlich der Rocky Mountains im Jahr 1803 durch die Vereinigten Staaten von Amerika bezeichnet. Die jungen USA grenzten in dieser Zeit im Westen nämlich an Frankreich. Alles Land von der Hudson Bay im Norden des heutigen Kanada bis nach New Orleans im Süden war rechtlich gesehen französisches Territorialgebiet. Partner des Geschäfts waren auf amerikanischer Seite, allerdings zunächst völlig ungewollt, Präsident Thomas Jefferson und auf französischer Seite niemand anderes als Napoleon selbst. Dieses Geschäft führte überhaupt erst zur weiteren westlichen Besiedlung des Nordamerikanischen Kontinents und es entwickelte sich in den zunächst dünn besiedelten Ländern des mittleren Westens der USA das, was wir heute den Wilden Westen nennen.

Abbildung 10
Karte der USA mit Wirkung des Louisiana Purchase
Die unregelmäßige Graufläche von Montana bis Louisiana bildet das Erwerbsgebiet ab

Noch einmal machte die Barings Bank Furore mit der Finanzierung des Baus des *Erie-Kanals* von 1817 bis 1825. Der Kanal verbindet heute noch den Erie-See, und damit die Großen Seen mit Ausnahme des Ontario Sees, mit dem Hudson River, welcher bei New York City in den Atlantik mündet. Erst durch diesen Kanal erlangte New York City überhaupt seine überragende Bedeutung als einer der wichtigsten Handelshäfen der USA bis heute. Da die Niagara-Fälle den Seeweg nach Norden blockieren, konnte die Waren der Industrieregion rund um die Großen Seen nur durch den Erie-Kanal über New York verschifft werden.

Nicht zum ersten Mal, dann aber endgültig, untergegangen ist die Barings Bank 1995 durch schnöde Fehlspekulationen und Fälschungen des Terminhändlers Nick Leeson in deren Depandance in Singapore. Zu all diesen Zeiten war die Bank of England längst als Notenbank fest etabliert und wuchs in ihre Rolle einer modernen Zentralbank immer mehr hinein.

Ein besonderes Schicksal sollte dem Zentralbankwesen in den Vereinigten Staaten zugedacht sein. Schon 1790 wurde eine *First National Bank of the United States* gegründet. Doch deren Entstehungsprozess führte zu bitteren politischen Auseinandersetzungen und überhaupt zur Gründung politischer Parteien in den USA. Deren Entwicklung ist für Aussenstehende, die mit der politischen Geschichte der USA nicht gut vertraut sind aber sehr verwirrend. Die frühen Befürworter einer Zentralbank gehörten den *Förderalisten* an, aus denen im Laufe der zweiten Hälfte des 19. Jahrhundert die heutige *Republikanische Partei* hervor gehen sollte. Gegner einer Zentralbank waren die Anhänger der frühen Republikaner, aus denen später dann die moderne *Demokratische Partei* entstand. Wie dem auch sei, das Leben der *First National Bank of the United States* wurde im Jahr 1811 aus politischen Gründen bereits beendet. Man wollte die Finanzwirtschaft keiner zentralen Kontrollinstanz unterwerfen. Wirtschaftliche Probleme führten dann aber schnell schon 1816 zur Gründung einer *Second Bank of the United States*. Auch deren Leben fand ein schnelles, politisch gewolltes Ende bereits 1836. Bis zur Gründung des heutigen Federal Reserve System gab es lediglich Nationalbanken zur Vereinheitlichung der nationalen Währung.

7 Liquiditätsfallen der privaten Banken

Von klein auf wird jungen Menschen ein falsches Bild reicher vermögender Leute und von den Banken vermittelt. Man wächst mit der Vorstellung auf, es gehe bei den Reichen zu wie bei Onkel Dagobert in der Scheinwelt von Walt Disney. Dieser mürrische Entengeizhals hat die größte Freude daran, sein Geld nur anzusammeln und in einem möglichst großen Geldspeicher zu bunkern, auf dass er von Zeit zu Zeit in seinen stinkenden Münzen ein Bad nehmen könne.

Selbst so mancher ausgebildete Bankkaufmann stellt sich die Wirklichkeit so ähnlich vor. Im breiten Kundenpublikum herrscht auch oft die Meinung, Banken hätten immer Geld, sie seien ja per se das Geld! Dieser gefährliche Irrtum wurde in jüngster Zeit beispielhaft den Bankkunden Griechenlands vor Augen geführt. Die Liquidität einer Bank, also ihre Fähigkeit auf Anforderung ihrer Depositenkunden hin und bei Fälligkeit von Forderungen aus irgendwelchen Geschäften heraus, Auszahlungen vornehmen zu können, ist eine sehr kritische Angelegenheit. Es gibt nicht nur eine Vielzahl von Gesetzen und Behördenvorschriften darüber, wie eine Bank für ihre reibungslose Liquidität zu sorgen hat. Banken müssen einen ganzen Handelsbereich und eine diesem entsprechende Geschäftsabwicklung unterhalten, um ihre permanente Liquidität gewährleisten zu können.

Im Grunde haben die Banken, von dem wenigen Bargeld in der Zentralkasse und im Geldautomaten abgesehen, überhaupt kein Bargeld im Haus. Was sie aber haben, ist ein schier übergroßer Papierkrieg, mit dem sie ihre tausenden von Geschäfte pro Tag dokumentieren. Das Geld der Banken, welches sie in Form von Eigenkapital, Kundeneinlagen und Krediten erhalten, wird wiederum bei anderen Banken zwecks Profiterzielung angelegt. Banken unterhalten bei anderen Banken eine Vielzahl von Konten, unter anderem auch und vor allem bei Zentralbanken. Aufgrund der mannigfaltigen Geschäfte die jeden Tag von einer Bank im eigenen Interesse oder im Auftrag ihrer Kunden getätigt werden, ist es notwendig im Voraus zu wissen, wann über welches Konto der Bank bei anderen Banken eines dieser Geschäfte ausgeführt werden soll. Soweit es Transfers nach außen betrifft, die die Bank selbst oder einer ihrer Kunden veranlasst, kann die Bank diesen so genannten Liquiditätsbedarf nur dann erkennen, wenn einer zentralen Stelle all diese Transfers pünktlich vorab gemeldet werden. In der Regel nennt man eine solche Stelle das Liquiditäts-management. Damit ist aber nur eine Seite des Geldflusses erfasst. Die andere Seite sind die herein kommenden Gelder. Auch hier gilt, solche Geschäfte, die die Bank selbst veranlasst hat, müssen dem

Liquiditätsmanagement vorab gemeldet werden. Das sollten auch Kunden machen, die regelmäßig Geschäfte mit großen Beträgen tätigen und entsprechende Zahlungen erwarten. Völlig blind allerdings bleibt das Liquiditätsmanagement bei den eingehenden Zahlungen aus den vielen kleinen und mittleren Transfers, aus denen ihre Kunden Gelder erwarten. Für diese Beträge gilt es mit statistischen Mittelwerten zu arbeiten. Hat es eine international tätige Bank auch noch mit Geldern in fremder Währung zu tun, muss sie auch noch eine Vielzahl von sich ständig ändernden ausländischen Vorschriften hinsichtlich ihrer eigenen Kontoführung beachten. So ist es aus wirtschaftlichen oder politischen Gründen manchmal nicht möglich auf Auslandskonten ein gewisses Basisguthaben zu unterhalten. Dann muss arbeitstäglich so ein Konto schon mal auf einen Saldo von Null bereinigt werden. Zur Zeit machen die Banken eine neue Erfahrung. Die extrem niedrigen Zinsen der Zentralbanken sind manches Mal ins Negative gerutscht. Das bedeutet, wer ein Guthaben hat, muss dafür Strafzinsen zahlen. Das müssen die Banken natürlich vermeiden, weil es ihnen sonst ihre Ertragsberechnung für ein Geschäft vermasselt.

Das Liquiditätsmanagement muss also mit den Geldern der Bank auf einer großen Anzahl von Konten herum jonglieren, jeden Bankarbeitstag aufs neue und jeden Tag unter großem Zeitdruck. Denn es gibt bei den anderen Banken so genannte cut-off-Zeiten, ab denen für den Geschäftstag keine Transfers mehr zugelassen werden. Besonders die Zentralbanken halten sich sehr genau an diese cut-off-Zeiten. Hat eine Bank viel Auslandsgeschäft in fremder Währung, steht das Liquiditätsmanagement zusätzlich tagsüber unter ständigem Zeitdruck. Denn mit der Drehung der Erde, drehen sich auch die Zeitzonen und im Laufe des Tages werden immer irgendwo auf der Welt cut-off-Zeiten fällig. Aus Frankfurter Sicht fängt dies bereits früh morgens mit Australien, Japan, China und Singapur an, zieht sich dann über den Mittleren Osten und Russland weiter, muss den Zeitunterschied zu London berücksichtigen und geht spätnachmittags bis abends weiter bei den Geschäften mit Amerika. Was Feiertage angeht gilt, es gibt im internationalen Liquiditätsmanagement nur zwei Feiertage im Jahr, die in allen Zeitzonen gleichermaßen gültig sind, der 25. Dezember und der 1. Januar. An allen anderen Tagen wird immer irgendwo auf der Welt Bankgeschäft betrieben und so müssen Liquiditätsmanager auch dann schon mal ihre Arbeit tun, selbst wenn in ihrem eigenen Land ein gesetzlicher Feiertag ist.

Letztlich ist die Liquidität einer Bank eine fiktive zeitliche Betrachtung der Zahlungsfähigkeit eines Kreditinstitutes im Laufe eines Tages. Als liquide gilt eine Bank dann, wenn sie zu einer bestimmten Tageszeit ausreichende Geldmittel für die Abwicklung ihrer fälligen Geschäfte auf den Konten anderer Banken hat. So kann es im Verlauf eines

Geschäftstages theoretisch durchaus einmal sein, dass eine Bank zwischenzeitlich illiquide wäre, würde man die Saldenbetrachtung[7] nur zu einem anderen Zeitpunkt vornehmen. Stimmen aber die Kontensalden zum Stichzeitpunkt mit den vereinbarten Guthaben oder Kreditlinien überein, bleibt die Bank liquide. Man sieht daran, welch zeitlich heikles Geschäft das Liquiditätsmanagement ist. Es kann dabei manches Mal buchstäblich um Minuten, ja heute sogar nur um Sekunden gehen.

Die Steuerung der Zahlungsfähigkeit ist also eine der schwierigsten, komplexesten und risikoreichsten Aufgaben, welche im Tagesgeschäft einer Bank zu erledigen ist. Eine nicht unwesentliche Hilfe bekommen die Banken dabei von ihren Zentralbanken. Diese rechnen die Forderungen und Verbindlichkeiten der Banken ihres Zuständig-keitsgebiets arbeitstäglich schon mal gegeneinander auf und transferieren die entstehenden Salden auf den Konten der Banken in ihrem Haus. Dadurch können sich die Zentralbanken auch ein eigenes Bild von der Liquiditätssituation der Banken machen, die bei ihnen ein Konto unterhalten. Schließlich können Zentralbanken, unter der Voraussetzung der Hergabe entsprechender Sicherheiten, einer Bank jederzeit kurzfristig zu mehr Liquidität verhelfen.

Dadurch erfüllen die Zentralbanken eine wesentlich gewordene Funktion, die ständige Versorgung des Bankensektors mit ausreichend Geldliquidität. Sie tun dies durch die Überwachung des nationalen Zahlungsverkehrs und in ihrer, oben bereits angesprochenen, Funktion als lender-of-last-resort, dem letzten verfügbaren Geldkreditgeber einer Bank überhaupt.

Diese komplexen Mechanismen der Liquiditätsversorgung können und werden von Zentralbanken auch dafür genutzt, die Menge des umlaufenden Geldes insgesamt zu steuern. So können die Zentralbanken heute etwa durch das Instrument der Mindestreserve sehr kurzfristig mehr oder weniger liquide Geldmittel in den Markt hinein- oder hinausfließen lassen. Bei der Mindestreserve handelt es sich um unverzinsliche Guthaben, die eine Bank bei ihrer Zentralbank unterhalten muss. Banken können die Mindestreserve nicht in ihre eigene Liquiditätsplanung einbeziehen. Dem selben aber nicht ganz so kurzfristigen Zweck dienen die Offen-Markt-Geschäfte. Dabei bieten die Zentralbanken den Geschäftsbanken Geld gegen die Hinterlegung bestimmter Wertpapiere für einen fixierten Zeitraum an. Durch die

---

[7] Es ist wie bei Schrödingers Katze. Ein quantenphysikalisches Gedankenexperiment des österreichischen Physikers Erwin Schrödinger (1887 – 1961) aus dem Jahre 1935. In einer von außen nicht einsehbaren Box ist eine Katze, die gleichzeitig tot oder lebendig sein kann. Ihr tatsächlicher Zustand, ergibt sich erst durch eine Beobachtung (Messung) des Inhaltes der Box.

Höhe des Volumens der akzeptablen Wertpapiere steuern Zentralbanken zusätzlich den gesamten Geldumlauf einer Volkswirtschaft.

Trotz dieses aufwendigen und täglich neu zu vollführenden Balanceaktes hinsichtlich der Bankenliquidität, geraten Banken immer wieder in Liquiditätsfallen oder daraus resultierende kostspielige Risiken.

Es wurde ja bereits angedeutet, dass Banken ihre Gelder nicht nur bei ihren Zentralbanken anlegen. Je internationaler ihr Geschäft ausgerichtet ist, desto vernetzter sind die Banken untereinander. Finanzgeschäfte sind so gut wie nie isoliert, sondern aneinander gekoppelt. Das kann in einer sehr langen Kette von aufeinander folgenden Geschäften er den. Kauft eine Bank beispielsweise einen Betrag in Fremder Währung von einer anderen Bank, kann deren Verkaufsgrund vielleicht ein Tauschgeschäft (Swap) sein. Der Swap seinerseits beruht vielleicht auf einer fälligen Kreditzahlung. Die Kreditzahlung wiederum hat woanders mit einer Finanzierung zu tun usw. und das möglicherweise über viele Länder hinweg. So kann man sich leicht vorstellen, fällt nur ein Schuldner in dieser langen Zahlungskette aus, dann bricht die ganze Verbindung aller Geschäfte in dieser Kette zusammen.

Vielleicht passiert das in einer ohnehin schon irgendwie klammen Liquiditätssituation eines Bankhauses. Dann würden alle anderen, mit dieser Bank in Geschäftsverbindung stehenden, Bankhäuser möglicherweise umfallen wie die Dominosteine. Deswegen spricht man bei einem solchen Szenario auch gerne vom *Dominoeffekt*. Das zu verhindern ist eine der heute wesentlichen Aufgaben von Zentralbanken. Kritisch war dies einmal beim Zusammenbruch der erwähnten Barings Bank in 1995. Es galt innerhalb von Stunden die Unterbrechung der Liquiditätskette zu verhindern. Barings war mit so vielen Banken in so unübersehbar vielen Geschäften verbunden, dass der Totalausfall allein dieses einen Bankhauses zum weltweiten Zusammenbruch des gesamten Finanzsystems hätte führen können. Man spricht daher seit dieser Zeit auch von einem *Systemischen Risiko*.

Eine ähnliche Situation in jüngerer Zeit war der Zusammenbruch von *Lehman Brothers*. Wäre dies ohne ein enges Zusammenspiel der wichtigsten Zentralbanken in der Welt hinsichtlich der Liquiditätsversorgung aller anderen Banken geschehen, würde heute dieses Weltfinanzsystem so nicht mehr existieren. Die Situation in der Staatsschuldenkrise Griechenlands hat gezeigt, dass man mit Hilfe von Zentralbanken eigentlich illiquide, im Grunde bereits tote, Geschäftsbanken künstlich am Leben erhalten kann. Inwieweit dies sinnvoll ist, ist leider zu einer politischen Entscheidung geworden. Kein Beispiel der jüngeren Vergangenheit zeigt deutlicher, wie schnell selbst konstitutionell unabhängige Zentralbanken zu Sklaven politischer Rahmenbedingungen werden können.

8 Entwicklung des modernen Zentralbankwesens

8.1 Die ältesten Aufgaben der Notenbanken

8.1.1 Banknoten

Wir haben bereits in den oberen Kapiteln einen guten Einblick darüber gewonnen, wie die beiden ältesten Zentralbanken, die Schwedische Reichsbank und die Bank of England entstanden sind. Aus diesen Berichten haben wir erfahren, dass es zunächst auch um die Einführung von Papiergeld ging. Das war ein langwieriger und steiniger Weg. Der Umgang mit Papiergeld wurde ja nicht einfach per Dekret verordnet und zu einem bestimmten Stichtag umgesetzt, wie man das heute etwa im Zuge einer Währungsreform tut. Im Zweifel haben die Menschen noch lange an Münzen festgehalten und tun dies gerne auch heute noch. Sondermünzen, vor allem wenn sie einen hohen Edelmetallgehalt aufweisen, werden bei Ausgabe sofort von Sammlern weggekauft. Selbst in heutigen Krisenzeiten ist Gold ein nach wie vor begehrtes Metall. Besonders begehrt, wenn es auch noch in einer Münzform als gesetzliches Zahlungsmittel auftritt, etwa wie der südafrikanische Krügerrand oder der kanadische Maple Leaf. Selbst die Regierung der Bundesrepublik Deutschland hat sich, trotz Einführung der Gemeinschaftswährung Euro, nicht von seinem Münzregal getrennt. Dies lag immer schon bei der Regierung als Exekutive des Souveräns und ist auch mit der Euro-Einführung nicht auf eine Zentralbank übergegangen.

Die Ausgabe von Banknoten kann dennoch als die erste der Aufgaben einer Zentralbank angesehen werden. Freilich repräsentiert der tatsächliche Bargeldumlauf in den modernen Volkswirtschaften nur noch einen Bruchteil aller Gelder in Form von Buchgeldforderungen.

Heute ist die Akzeptanz von Banknoten gesetzlich vorgeschrieben. Zentralbanken lassen Banknoten entwerfen, herstellen, sie geben sie aus und ziehen sie wieder ein und am Ende vernichten sie sie oder machen aus ihren Schnipseln auch schon mal ein Möbelstück, wie man es in der Verwaltungszentrale der Frankfurter Landeszentralbank bewundern kann. Diese ganze Prozesskette ist sehr aufwendig und mit hohen Kosten verbunden, nicht zuletzt wegen der einschlägigen Sicherheitsrisiken. Das gilt auch für den Handel, wo man versucht, den teuren Umgang mit Bargeld so stark wie möglich einzuschränken. Im Zeitalter des Internet, in einer Welt, die ständig und überall terroristischen Bedrohungen ausgesetzt ist, wird Bargeld den Sicherheitsbehörden ein Dorn im Auge. Man würde es am liebsten gleich ganz abschaffen. Denn jedes mit Bargeld getätigte Geschäft, verwischt in den Augen der Nachrichtendienste und der Polizei Spuren von Menschen und macht das Datenprofil von Personen löchrig. Hat es für Banknoten mehr als zweihundert Jahre gedauert als einigermaßen vertrauenswürdiges Zahlungsmittel bei der Bevölkerung akzeptiert zu werden, so wird ihnen jetzt nach und nach von Seiten des Staates der Geruch des Kriminellen angehaftet. In Deutschland sieht man es einigermaßen gelassen und sagt: „*Bargeld lacht*".

8.1.2 Währungen

Unter einer *Währung*[8] versteht man die gesamte Ordnung des Geldwesens eines Staates oder eines Währungsraums. Ein Währungsraum ist nicht notwendigerweise identisch mit einem völkerrechtlichen Staatsgebiet. Auch vor Einführung des €uro gab es immer schon Länder übergreifende Währungsräume. Einer der größten in der Geschichte muss wohl das Britische Empire gewesen sein. In dessen weltweiter Ausdehnung galt das Britische Pfund gleichermaßen und überall als anerkanntes Zahlungsmittel. Lange Zeit waren Belgien und Luxemburg ein Währungsgebiet. Man unterschied zwar auch in den Banknoten zwischen einem Belgischen Franc und einem Luxemburgischen Franc, aber beide Währungen waren untereinander völlig austauschbar und hatten den gleichen Außenwert. Noch in den 1970er Jahren wurde die Deutsche Mark, wenngleich auch inoffiziell, in einigen Ländern des Balkan, vor allem im ehemaligen Jugoslawien, als beliebtes Zahlungsmittel benutzt, denn die landeseigenen Dinare waren den Menschen so gut wie nichts wert. In der Praxis sehen die Menschen ihr jeweiliges gesetzliches Zahlungsmittel einfach nur als **das** Geld an. Der Begriff der Währung kommt spätestens dann auf, wenn man den eigenen Währungsraum verlässt und in Gebiete mit Fremder Währung kommt.

Seit neuestem treten unter Volkswirtschaftlern immer wieder Diskussionen über Ersatzwährungen auf. Man nennt sie auch Denominationen, im Sinne von Unter- oder Ersatzbezeichnung. Das ist nicht zu verwechseln mit der Denomination einer Währung, bei der es sich um die Stückelung von Banknoten und Münzen handelt. Die Rede ist vielmehr etwa von Gutscheinen, Rabattmarken, Wertbons, etwa wie für eine Mahlzeit und ähnliches. Gemeinsam ist ihnen allen, dass sie einen gewissen Geldwert aufweisen. Sie unterscheiden sich aber darin, dass ihr Geldwert zur Einlösung an einem bestimmten Ort und für einen

---

[8] Das Wort leitet sich ab vom mittelhochdeutschen „werunge" und bedeutet soviel wie Gewährleistung. Es ist verwandt mit dem Wort „wahr", aber eher im Sinne der Wahrhaftigkeit als der Wahrheit.

bestimmten Zweck geburden ist. Diese Denominationen sind also nicht frei tausch- oder hande bar und es besteht auch kein genereller Annahmezwang.

Vor dem Hintergrund allgemeiner Unzufriedenheit mit dem €uro propagieren einige Volkswirte die Idee eine Parallelwährung zu schaffen. Dies sei einfach, wird gesagt, weil es a lein im Benehmen einer nationalen Zentralbank wäre, durch ihre Entscheidung eine solche Ersatzwährung zu schaffer, die dann von den verme ntlichen Problemen des €uro losgelöst sei. Angeblich scheint dies in der Realität auch schon einmal funktioriert zu haben. In den Zeiten der deutschen Hyperinflation der frühen 1920er Jahre, als Geldscheine in Milliarden und sogar Billicnen denominiert waren, wurden diese inflationären Tendenzen zeitweise durch die Einführung der Rentenmark schlagartig gestoppt. Die Rentenma-k ersetzte damals nich: die Reichsmark, sondern existierte parallel zu ihr. Sie war allerdings ausdrücklich keine Währung, sonde-n eine besondere Schuldscheinkorstruktion. Insofern kann sie nicht als erfolgreiches Beispiel für eine funktionierende Parallelwährung herangezzgen werden.

In jüngster Zeit wird darüber hinaus diskutiert, ob künstliche Währungen im Internet eine Konkurrenz für die klassischen Währungen darstellen könnten, etwa wie *Bitcoins*.

Keines dieser Be spiele ist eine Währung. Dazu fehlen ihnen bestimmte Eigenschaften, die eine tatsächliche Währung von einer künstlichen unterscheiden:

- Ob Gutschein, Parallelwährung oder Bitcoin, all diesen Denominationen fehlt die gesetzliche Legitimität, der Annahmezwang. Jeder Händler oder Dienstleister kann jederzeit einen Gutschein ausgeben, man wird dadurch aber nicht zum Herrn eines neuen Zahlungsmittels. Vielmehr handelt es sich um eine Form des Rabatts.

- Allen Denominationen fehlt nicht nur der Annahmezwang, man kann sie auch nicht zinsbringend anlegen. Es gibt auf der Welt keinen einzigen Markt an dem sich Denominationen profitabel anlegen lassen. Vielmehr verlieren sie mit der Zeit an Kaufkraft und haben schon deswegen nur eine kurze Lebensdauer, wenn sie nicht schon von vornherein ein begrenztes Gültigkeits-datum besitzen. Das gilt insbesondere für moderne "Internetwährungen" wie den Bitcoin.

- Denominationen sind nicht oder nur eingeschränkt austauschbar, sowohl in andere Denominationen, als auch in Fremde Währungen. Dieser Mangel an eingeschränkter Nutzbar- und Verfügbarkeit ist es, was sie in der Praxis so nutzlos gegenüber einer allgemein gültigen Währung macht.

Während Banknoten und Münzen als Bargeld in der Wirtschaft nur noch einen geringen Anteil ausmachen, ist unter einer Währung die Gesamtheit aller Geldmittel in einem definierten Wirtschaftsraum zu verstehen. Die Währung des eigenen Wirtschaftsraums (Binnenwährung) grenzt sich ab von den Währungen anderer Wirtschaftsräume. Deren Tauschverhältnis (Währungskurs) kann für eine bestimmte Binnenwirtschaft unter Umständen besonders förderlich oder hinderlich sein. Darüber wird weiter unten noch ausführlicher zu sprechen sein.

8.1.3 Finanzierung von Staaten

Über die andere älteste Aufgabe der Zentralbanken wurde bereits ausführlich berichtet. Die Finanzierung der Herrscher, heute würde man wohl er sagen der Staaten. Völlig falsch wäre es aber, sich diese Finanzierung etwa wie das Anlaufen der Gelddruckpresse vorzustellen. Besonders am Beispiel der Bank of England lässt sich sehr gut belegen, dass sie anfangs eher eine organisierte Sammel- und Verteilerstelle für Geldmittel an einen Staat war. Anleger gaben ihre Geldmittel mehr und mehr gegen staatlich abgesicherte Schuldscheine her. Den Verkehr mit diesem Geschäft, Bargeld gegen Schuldscheine und bei Fälligkeit wieder zurück, übernahm die Bank of England. Das wurde sehr bald für einige wenige Leute ein sehr gutes Geschäft. Man verdiente an Provisionen und Courtagen und die seit Mitte des 18. Jahrhunderts aufstrebenden Privatbankiers verdienten auch gleich kräftig daran mit. Ein gutes Beispiel dafür ist der bekannte Nationalökonom *David Ricardo* (1772 - 1823), der schon als junger Mann mit solchen Geschäften in London großen persönlichen Reichtum erlangte. In Deutschland zeigten sich dabei, heute durchaus amüsante, Trennungslinien auf. So waren die beiden in Frankfurt am Main ansässigen Bankhäuser Metzler und Gebrüder Bethmann beide gut involviert im Staatsanleihegeschäft. Freilich gab es noch konfessionelle Unterschiede. Das Bankhaus Metzler bediente bevorzugt protestantische Herrscher und Kirchen, während im Bankhaus der Gebrüder Bethmann vor allem die katholische Klientel bedient wurde.

Jedenfalls waren die frühen Zentralbanken mehr eine Art Geldumverteilungsinstitute, als dass sie in der Lage gewesen wären, einen Staat durch die Geldpresse tatsächlich, auch um den Preis einer Inflation, zu finanzieren. Dieses Spiel wird erst im 19. Jahrhundert begonnen. Von wenigen Ausnahmen abgesehen waren die frühen Zentralbanken ja auch zunächst noch in Privatbesitz.

65

8.2 Bank der Banken

8.2.1 Vertrauensbildung als "lender of last resort"

Diese privatrechtliche Verfassung machte es den frühen Zentralbanken schwer. Sie mussten sich zunächst gegen andere privatwirtschaftliche Kreditinstitute behaupten. Einen ersten entscheidenden Schritt machte im 18. Jahrhundert die Bank of England. Ihre Entstehung verdanke sie einem königlichen Privileg aus dem Jahr 1694, das aber ständig erneuert werden musste. Politisch waren diese Konzessionsverlängerungen keineswegs unumstritten. Es gelang den Verantwortlichen dennoch, durch umsichtige Handlungsweise immer mehr Vertrauen zu der Arbeit der Bank of England zu gewinnen. 1781 war es dann soweit. Im Zuge einer parlamentarischen Erneuerung des Privilegs wurde die Bank of England offiziell zum staatlichen Schatzamt ausgebaut. Damit gesellten sich zu den privatwirtschaftlichen Geschäften auch staatliche Hoheitsaufgaben.

Eine davon ist die Funktion die Bank der Banken zu sein. Es wurde der Bank of England explizit auferlegt, dafür Sorge zu tragen, stets genügend Gold vorrätig zu haben, falls alle Einleger gleichzeitig ihre Banknoten vorlegen und deren Einlösung in Gold einfordern sollten. Das Britische Pfund sollte also zu einhundert Prozent durch Gold gedeckt sein.

Wir wissen bereits, dass das System der Einhundert-Prozent-Golddeckung nicht funktioniert. Es hat dann auch nicht lange gedauert und Frankreich erklärte England zum 1. Februar 1793 den Krieg. Die kriegerischen Auseinandersetzungen gegen Napoleon dauerten bekanntlich bis 1814/15 und wirtschaftlich auch noch darüber hinaus. Prompt musste die Einlösungsgarantie für die Pfundnoten in Gold per Dekret ausgesetzt werden.

Dennoch, die Funktion als Bank der Banken, bzw. „lender of last resort" war in die Welt gekommen und hat sich danach immer weiter entwickelt und institutionalisiert. Heute ist es eine der Kernaufgaben einer Zentralbank dafür Sorge zu tragen, dass das Bankensystem einer Volkswirtschaft immer ausreichend mit Geldmitteln versorgt ist und insbesondere der bargeldlose Zahlungsverkehr nicht ins Stocken gerät.

8.2.2 Diskont- und Lombardkredit zur Refinanzierung von Geschäftsbanken

In unseren modernen Zeiten sprechen wir von einer Refinanzierung der Geschäftsbanken durch die Zentralbanken. Eine solche Refinanzierung geschieht in der Regel in Form eines Kredits. Zwei klassische Kreditarten gibt es:

- *Der Diskontkredit:* Dabei werden von der Zentralbank Handels- aber auch Finanzierungswechsel von den Geschäftsbanken angekauft. Diese müssen bestimmten strengen formalen Anforderungen entsprechen. So wie die Banken ihrerseits Geschäftsleuten diese Wechsel abgekauft haben, können sie sich über das Diskontgeschäft selbst schnell wieder bei ihrer Zentralbank refinanzieren. Solche Wechsel haben kurze Laufzeiten, etwa 30, 60 oder 90 Tage bis sie fällig werden. Es handelt sich also um kurzfristige Kredite. Für den Ankauf der Wechsel berechnet eine Zentralbanke einen Zins, den so genannten Diskontsatz. Er ist einer der wesentlichen Zinssätze über dessen Höhe eine Zentralbank in regelmäßigen Abständen entscheidet und diesen sogleich veröffentlicht. Geschäftsbanken berechnen für den Ankauf von Wechseln ihren Kunden diesen Diskontsatz und addieren eine bestimmte Marge als ihren Gewinn mit dazu. Dieser Zins wird, neben anderen Bearbeitungskosten, von dem Nominalbetrag eines Wechsels abgezogen und der Nettobetrag den Kunden ausgezahlt. In der Zeit der Deutschen Mark (DM) zwischen 1948 und 1998 schwankte der Diskontsatz der Deutschen Bundesbank zwischen 2 ½ und 8 ¾ *Prozent*[9].

- *Der Lombardkredit:* Für etwas längerfristige Refinanzierungen bieten Zentralbanken den Geschäftsbanken Kredite an, für die sie als Sicherheiten ein Pfand hinterlegen müssen. Aus dieser Verpfändung leitet sich auch die Bezeichnung ab, da eine Geldhergabe gegen Pfandsicherheiten so erstmals im frühen 15. Jahrhundert in der italienischen Region Lombardei historisch belegt ist. Theoretisch könnten für die Refinanzierung per Lombardkredit als Sicherheiten Wertpapiere, Waren oder sogar Barguthaben hergegeben werden. Wie immer bei einem Pfand als Sicherheit geht dies im rechtlichen Sinne n den Besitz des Pfandgläubigers über. In den allermeisten Rechtssystemen bedeutet dies, dass das Pfand physisch in den Machtbereich des Gläubigers übergeben werden muss. Es liegt auf der Hand, dass eine solche Vorgehersweise mit hohen Kosten für die Bearbeitung verbunden ist. Nur in Deutschland wurde deshalb ein Rechtsinstitut entwickelt, durch welches sich die physische Übergabe mittels einer Abtretung oder der Verpfändung des

---

[9] Die Darstellung der Zinssätze als natürlichem Bruch und nicht als Dezimalbruch ist an dieser Stelle bewusst gewählt, um historische Zinssätze gegen aktuelle abzugrenzen.

Herausgabeanspruchs ersetzen *lässt*[10]. In der Praxis geben die Banken also Wertpapiere als Pfand, um sich so liquide Mittel bei ihrer Zentralbank zu verschaffen. Der Preis für diese Kredite wird als Lombardsatz bezeichnet. Traditionell ist der Lombardsatz höher als der Diskontsatz. Während der DM-Zeit bewegte sich der Lombardsatz der Deutschen Bundesbank zwischen 4 und 9 ¾ Prozent.

Die Europäische Zentralbank kennt weder Diskont- noch Lombardsatz, sondern arbeitet mit einem so genannten Basiszinssatz, der sich seit der Einführung des €uro zwischen minus -0,83 und plus 4,26 Prozent bewegt. Die negativen Zinssätze gibt es im Nachklang der Finanz- und Staatsschuldenkrise seit dem 1.Januar 2013. Auf die Motive, die zu einer Einführung negativer Zinsen geführt haben, wird hier später an anderer Stelle näher eingegangen.

Es gibt darüber hinaus noch weitere Finanzierungsmöglichkeiten einer Kreditwirtschaft durch ihre Zentralbank. Entscheidend ist in jedem Fall, dass es zu keiner Zeit für Geschäftsbanken an ausreichend liquiden Mitteln fehlen darf, um eine ganze Volkswirtschaft mit dem nötigen Geld für ihr reibungsloses Funktionieren zu versorgen.

8.2.3 Die Große Depression

Das war nicht immer so. Eine der schlimmsten Wirtschaftskrisen des 20. Jahrhunderts, die Große Depression in den Vereinigten Staaten von Amerika in 1930er Jahren, war ein warnendes Beispiel für alle Verantwortlichen, was geschehen kann, wenn man eine Volkswirtschaft einer Unterversorgung mit Geld überlässt.

Gemeinhin gilt als Auslöser dieser Weltwirtschaftskrise der Schwarze Freitag (eigentliche ein Donnerstag) am 24. Oktober 1929. In den vorhergehenden Jahren hatte sich eine Spekulationsblase vor allem auf Aktien an der New Yorker Börse aufgebaut. Die Wirtschaft in den USA hatte lange Zeit eine gute Wachstumsphase hinter sich. Die Aktienkurse waren unaufhörlich gestiegen. Jedermann versuchte, von diesen Kurssteigerungen zu profitieren und investierte, teilweise durch Kredite

---

[10] Die in den meisten Rechtssystemen bestehende Notwendigkeit, ein Pfand als Kreditsicherheit physisch tatsächlich in den Besitz des Pfandgläubigers zu übergeben, ist einer der Gründe warum der Deutsche Goldschatz bislang größtenteils im Ausland bei der Federal Reserve Bank of New York, der Bank of England und der Banque de France lagerte. Hätte die Bundesrepublik Deutschland Teile ihres Goldes als Sicherheit für Kredite bei diesen ausländischen Zentralbanken stellen müssen, hätte man das Gold tatsächlich physisch dort hin zu transportieren. So lagert das Gold bereits vor Ort. In der Praxis liegen die Goldbarren verschiedener Banken in ein und demselben Tresorraum. Kommt es zu einer Transaktion, werden die Goldbarren in der Tat von einer Palette auf die andere gelegt.

finanziert, in Aktienkäufe. Dennoch waren bereits in der ersten Jahreshälfte 1929 deutliche Anzeichen für eine kommende Krise zu erkennen. In den USA waren in dieser Zeit 346 Banken zusammengebrochen. Als der Aktienindex Dow Jones dann im Oktober 1929 von einem Niveau bei etwa 300 an Punkten verlor, wurden Anleger schnell nervös und versuchten vermehrt, ihre Aktien wieder zu verkaufen. Diese Tendenz setzte am besagten 24. Oktober ein, aber vor allem die Banken versuchten zunächst noch die Situation zu beruhigen. Doch am darauffolgenden Dienstag begann eine Kettenreaktion. Besonders die auf Pump gekauften Aktien mussten liquidiert werden, um die zugrunde liegenden Kredite zu begleichen. Die Kurse fielen immer stärker und schneller. Mitte November befand sich der Dow Jones auf einem Niveau von 180 Punkten, am Ende des Börsencrashs Mitte 1932 lag der Dow Jones bei nur noch 41 Punkten. Der durchschnittliche Wert der Aktien an der New Yorker Börse war also am Ende auf unter ein Sechstel ihrer Höchstwerte gefallen.

Zum Zeitpunkt dieser Geschehnisse war die Zentralbank der USA, das Federal Reserve System (FED), gerade einmal seit sechzehn Jahren in Betrieb. In den USA herrschte allgemein die Vorstellung von möglichst geringer Einmischung staatlicher Stellen in das Wirtschaftsgeschehen. Die Regierung war besonders an einem ausgeglichenen Haushalt interessiert und hielt deswegen die Steuern hoch. Die Geldpolitik dieser Zeit sorgte sich vor allem um die Gefahren einer zu hohen Inflation. Darüber hinaus war der Dollar an einen Goldstandard gebunden. Die noch junge Zentralbank hielt die Zinsen auf einem hohen Niveau, um die Inflation im Griff und den Dollar am Goldstandard zu halten. Das Geschehen an den Börsen, so befand man in der FED, sei vor allem eine Angelegenheit der privaten Wirtschaft. Eine zusätzliche Absicherung der Liquidität der Banken kam niemanden in den Sinn. Im Gegenteil, die FED beschloss einen Tag nach dem Schwarzen Donnerstag eine allgemeine Geldverknappung um 30 Prozent.

Aus heutiger Sicht wird diese Entscheidung der FED für die dann lang anhaltende wirtschaftliche Depression in den USA verantwortlich gemacht. Die Folgen für die Wirtschaft der USA waren so verheerend, dass sich diese Ereignisse für immer in das Volksgedächtnis der Amerikaner eingebrannt haben. Millionen Amerikaner verloren durch den Börsencrash einen Großteil ihrer Altersbezüge. Die Arbeitslosigkeitsrate stieg auf über 25 Prozent. Selbst für die, die Arbeit hatten, fielen die Löhne um rund 60 Prozent. Auf dem Lande sah es nicht besser aus. Das landwirtschaftliche Einkommen betrug nur noch die Hälfte dessen, was die Landwirte vor der Krise eingenommen hatten. Bauern konnten zum Teil kein Saatgut mehr bezahlen, riesige Anbauflächen lagen brach. Menschen, die sich durch Kredite spekulativ in ihrer Gier an Aktienkäufen beteiligt hatten, standen vor dem wirtschaftlichen Ruin. Viele begingen Selbstmord. Die massenweise Verarmung der Gesellschaft brachte die Wirtschaft des Landes quasi zum Erliegen. Die Konsequenz aus diesen Ereignissen war, dass seitdem in den USA alles unternommen wird, um die Wiederholung einer Depression ein für alle mal zu verhindern, selbst um den Preis einer hohen Inflation. Nur so kann erklärt werden, warum heute die FED als Zentralbank Unsummen von Geld bereit stellt, um nach der jüngsten Finanzkrise die Wirtschaft der USA wieder anzukurbeln.

8.2.4 Sicherstellung eines reibungslosen Zahlungsverkehrs

In der modernen Weltwirtschaft gibt es für alle Geschäfte ein entscheidendes, überall gleich verstandenes „go-signal", das ist die *Bezahlung*. Kein *Brötchen*[11] geht über den Tresen, kein Licht geht an, kein warmes Wasser läuft, kein Job wird gemacht, kein Wohnen ist möglich, kein Ding wird verkauft, kein Auto wird gefahren, kein Handel wird gemacht, keine Waren werden gebracht, kein Abfall kommt weg, nichts wird gebaut ohne zu zahlen, zahlen, zahlen, zahlen. Mit jedem wirklich noch so kleinen Geschäft geht eine Zahlung einher. Das bewirkt, bei einer Weltbevölkerung von über sieben Milliarden Menschen, dass es keinen Vorgang auf der Welt gibt, der sich öfter abspielt als Geldzahlungen. Milliarden und Abermilliarden jeden Tag. Die Lobpreisungen an Gott sind dagegen ein wahrhaft rares Ereignis.

Stellt man sich das einmal bildlich vor, bekommt man eine Ahnung mit welcher Aufgabe man es im Zahlungsverkehr zu tun hat. Neben dem Telekommunikationsnetz ist das Zahlungsverkehrsnetz das bei weitem dichteste auf der Welt. Da kommen keine Schifffahrtslinien, kein Schienen- oder Straßennetzwerk auch nur annähernd heran. Dass der moderne Zahlungsverkehr sowohl national als auch international so reibungslos funktioniert, ist eine Aufgabe der Banken und deren Zentralbanken. Zahlungsverkehr mag zunächst wie eine banale Angelegenheit klingen, aber welche Bedeutung diese Funktion im stillen Hintergrund hat, wird immer nur dann offensichtlich, wenn es durch irgend ein Ereignis einmal zu einer schweren Störung kommt.

---

[11] Um Missverständnisse für deutsche Muttersprachler zu vermeiden: Die Rede ist auch von, in Bayern, Sachsen, Thüringen und Österreich **Semmeln** oder **Semmerl**, in Franken **Wecken** oder auch **Weggle** selten **Laabla**, in Südbaden **Weggli**, so auch in der **Schweiz** oder dort auch als **Mütschli** bezeichnet, in Luxemburg und Ostbelgien **Brötchen**, in Berlin **Schrippen** und in Hamburg nur schnöde **Rundstücke** genannt.

8.2.4.1 Störungen im Zahlungsverkehr

Die Menschen gehen heute wie selbstverständlich davon aus, dass der nationale und internationale Zahlungsvekehr am besten 24 Stunden an 7 Tagen in der Woche läuft, "24/7" wie es im Angelsächsischen heißt oder auf gut Deutsch: "Rund um die Uhr". Dabe spielt es für die meisten Menschen im Zeitalter des Online-Banking überhaupt keine Rolle, dass Banken generell in der christlichen Welt an Samstagen und Sonntagen geschlossen sind und neben dem öffentlichen Dienst als die Branche mit den geringsten Geschäftsöffnungszeiten gilt. Geldautomaten und Plastikgeld haben die Verfügbarkeit über das eigene Konto von solchen Öffnungszeiten unabhängig gemacht. Wenn die im Online-Banking veranlasste Überweisung wegen Wochenende oder Feiertagen mal ein bisschen später losmarschiert, den Verbraucher wird es nicht sehr kümmern. Der hochautomatisierte Zahlungsverkehr hat in der westlichen Welt dazu geführt, dass manches Mal Todesfälle wochen- oder monatelang unerkannt bleiben, weil die Zahlungsverpflichtungen von Menschen automatisiert ablaufen. Erst wenn mal keine Zahlung mehr fließt wird sich gekümmert, dann aber gleich heftig und richtig.

Es gibt aber auch Schocksituationen, die den weltweiten Zahlungsverkehr schwer schädigen können. Es war hier schon vom Dominoeffekt im Zusammenhang mit der Pleite der englischen Barings Bank im Jahr 1995 die Rede. Da ging es im Prinzip um die nicht mehr finanzierbare Erfüllung eingegangener Zahlungsverpflichtungen. Aber selbst wenn alle Teilnehmer am Zahlungsverkehr nicht in Liquiditätsschwierigkeiten sind, könnte es aus technischen Zahlungsverkehrsproblemen ebenso zu einem Dominoeffekt kommen.

Das tragischste Beispiel für ein solches Ereignis ist der Angriff auf die beiden Türme des World Trade Centers am 11. September 2001 in New York. Die vollständige Zerstörung der beiden Hochhäuser, mitten im Finanzzentrum der dicht besiedelten Stadt, hatten so gravierende Auswirkungen auch auf die umliegenden Gebäude, dass der gesamte Zahlungsverkehr am wichtigsten Finanzplatz der Welt zusammen zu brechen drohte. Vor allem, weil viele Kreditinstitute einfach technisch nicht mehr in der Lage waren, für ihre Zahlungsverkehrsverpflichtungen ausreichende Liquidität zur Verfügung zu stellen. Nur durch ein außergewöhnlich beherztes Eingreifen der Federal Reserve Bank of New York konnte ein Zusammenbruch des Weltfinanzsystems verhindert werden. Die FED New York bemaß das Volumen der benötigten Mittel anhand einer Quote für Fehlabwicklungen, die am Platz New York damals im Durchschnitt bei 1,7 Milliarden Dollar pro Tag lag. Durch den Anschlag auf das World Trade Center erhöhte sich der Fehlabwicklungsbetrag auf 190 Milliarden Dollar pro Tag bis zum 19.

September. Das ist etwa das **112** fache des normalen Durch-schnittwertes. Weil aber die FED insgesamt zusätzlich Liquidität in entsprechender Höhe zur Verfügung stellte, konnte ein Zusammenbruch des Weltzahlungsverkehrs verhindert werden. Hier zeigt sich beispielhaft, aber hoffentlich ohne Wiederholung, die enorme Bedeutung und Kompetenz von Zentralbanken in ihrer Aufgabe den Zahlungsverkehr aufrecht zu erhalten.

Es gibt heute eine Vielzahl von Zahlungsverkehrssystemen, die seitens einer Zentralbank überwacht werden müssen. Die wesentlichen von ihnen werden hier nachfolgend kurz besprochen. Dabei ist zu bedenken, dass der globale Zahlungsverkehr sich aus historischen und juristischen Gründen grundsätzlich in zwei verschiedene Rahmensysteme unterscheidet. Vor allem im deutschsprachigen Raum wurde seit jeher Zahlung per Überweisungen bevorzugt. Zu diesem Verfahren hat sich die Methode der Lastschriften hinzugesellt, vom Zahlungsweg her technisch eine Umkehrung des Geldflusses. Dieses etwa seit den späten 1960er Jahren nach und nach etablierte Verfahren ist im Laufe der Zeit juristisch durch gesetzliche und richterliche Ausgestaltung immer praktikabler und umfangreicher geworden. Erst nach der Einführung des €uro und des **SEPA**-Systems (**S**ingel **E**uro **P**ayment **A**rea, dt.: Einheitlicher €uro-Zahlungsverkehrsraum) beginnt sich das Lastschriftenverfahren überhaupt in anderen europäischen Ländern zu etablieren. Außerhalb Europas sind Lastschriften gänzlich unbekannt oder gar undenkbar.

Länder etwa wie Frankreich, Großbritannien und vor allem die Vereinigten Staaten bevorzugen bis heute den Scheck als Zahlungsmittel erster Wahl. Das hat auch damit zu tun, dass in diesen Ländern die rechtlichen Konsequenzen für die Ausstellung ungedeckter Schecks viel strenger sind, als sie es in Deutschland zum Beispiel je waren. Darüber hinaus sind in den angelsächsischen Ländern ganze technische Infrastrukturen auf die Bearbeitung von Schecks ausgelegt.

Im Zeitalter des zunehmenden elektronischen Zahlungsverkehrs zeichnet sich allerdings ein Trend ab, mehr und mehr Zah-lungsverkehrsvolumen über die Instrumente abzuwickeln, die dem deutschen Überweisungs- und Lastschriftensystemen zumindest ähnlich sind.

8.2.4.2 Überweisungen und Lastschriften

So ist es kein Wunder, dass in Deutschland Überweisungen und Lastschriften die bei weitem am häufigsten anzutreffenden Zahlungsarten sind. Zu den Überweisungen (engl. credit transfer scheme) zählen als Untergruppe auch die Daueraufträge. Diese sind beliebt für etwa ständig wiederkehrende Zahlungen, bei denen sich der Zahlungsbetrag und die Kontoverbindung des Zahlungsempfängers nur selten ändern. Ansonsten werden Überweisungen regelmäßig für die Begleichung einzelner Rechnungen herangezogen. Genau identifiziert wird ein Zahlungsempfänger in Deutschland durch die Angabe des Namens, dessen Kontonummer und einer Bankleitzahl. Außerhalb Deutschlands hat sich diese Paarung aus einer eindeutigen Bankennummer und einer eindeutigen Kundenkontonummer technisch ebenfalls durchgesetzt, wenngleich die Strukturen dieser Nummern von Land zu Land sehr unterschiedlich sind. Mit der Einführung von SEPA kam es zu einer Vereinheitlichung dieser Nummernstruktur. Das gelang durch den Übergang zur **IBAN** (engl. **I**nternational **B**ank **A**ccount **N**umber, dt. Internationale Bankkontonummer) die jetzt auf allen Überweisungen und Lastschriften angegeben werden muss. Die IBAN setzt sich zusammen aus einem zweistelligen Ländercode: in Deutschland DE, einer zweistelligen Prüfziffer[12] und einer maximal dreißigstelligen Kontoidentifikationsnummer, die sich in Deutschland aus der bisherigen Bankleitzahl und der individuellen Kontonummer zusammensetzt. Wegen der deutschen Struktur von Bankleitzahl und Kontonummern werden IBAN in Deutschland allerdings maximal nur 22 Stellen lang. In Frankreich und Italien braucht man bereits 27 Stellen und auf Malta sind es sogar 31 Stellen. Schaut man sich die Tabelle aller die IBAN benutzenden Länder an, fällt witzigerweise auf, dass die kleinsten Länder oftmals die längsten Nummern haben.

Früher waren die Banken verpflichtet, vor der Gutschrift einer Zahlung aus Überweisungen auf das Konto des Zahlungsempfängers zu überprüfen, ob die Kontonummer mit dem Namen des Begünstigten übereinstimmt. Andernfalls mussten Banken beim Auftraggeber zurückfragen, ob die Zahlung wirklich für ihren Kunden bestimmt sei. Dieser Verpflichtung sind die Banken in Deutschland schon seit Jahren enthoben. Mit der Einführung von SEPA hat sich die Verantwortung des Überweisenden für die Richtigkeit der Kontoverbindung des Empfängers aber technisch noch verschärft und juristisch verschlimmert. Nunmehr ist der Auftraggeber der Zahlung allein für die korrekte Angabe der vielstelligen IBAN verantwortlich. Ein Abgleich mit dem Namen des Empfängers findet nicht mehr statt. Die Zentralbanken halten dieses Verfahren für sicher, da bei einem Schreibfehler durch die Funktion der Prüfziffer bereits bei der Erfassung der Überweisung ein Irrtum ausgeschlossen würde. Führt der Irrtum aber zufälligerweise dazu, dass die falsche IBAN dennoch einer existierenden IBAN irgendwo entspricht,

---

[12] Prüfziffern sind nichts anderes als das Ergebnis einer Rechenformel (Algorithmus), mit dem eine mehrstellige Zahl auf Eingabefehler hin untersucht werden kann. So soll verhindert werden, dass eine mehrstellige Zahl in Datensystemen falsch erfasst wird.

und so der Mechanismus der Prüfziffer nicht anschlägt, wird die Zahlung dann eben doch einem falschen Empfänger gutgeschrieben. Eine automatische Rückbelastung der Fehlzahlung ist heute ausgeschlossen. In der Praxis wird man einen solchen Fehler erst nach Wochen oder gar Monaten bemerken. Um wieder an sein Geld zu kommen, ist man auf den Goodwill des falschen Begünstigten angewiesen. Rückt dieser das Geld zunächst nicht heraus, kann man nur auf dem Weg einer Zivilklage versuchen, wieder an sein Geld zu kommen. Ein langwieriger und kostspieliger Prozess. So haben die Banken ein wesentliches aber zugegeben eher unwahrscheinliches Zahlungsverkehrsrisiko auf ihre Kunden abgewältzt. Leider wird dieser Umstand weder von den Banken, noch von den Zentralbanken ausreichend kommuniziert.

Beim Lastschriftverfahren (engl. direct debit scheme) wird der Weg des Zahlungsverlaufes umgekehrt. Hier wird nicht der Schuldner einer Zahlung aktiv, sondern der Gläubiger. Voraussetzung ist in jedem Fall eine schriftliche Zustimmung des Zahlungsschuldners an den Gläubiger, auf diesem Wege seine Forderung durch Belastung des Schuldnerkontos beglichen zu bekommen. Typischerweise kommen Lastschriften zur Anwendung bei regelmäßig wiederkehrenden Zahlungen, bei denen sich allerdings ständig der Zahlungsbetrag ändert, etwa wie bei monatlichen Telefonrechnungen. Es können aber auch Einzelrechnungen mittels Lastschrift beglichen werden, was beispielsweise bei Online-Käufen vorkommt und dort die Funktion einer Kreditkarte ersetzen kann. In jedem Fall setzt der Einsatz eines Lastschriftverfahrens ein Vertrauensverhältnis zwischen dem Schuldner und dem Gläubiger voraus, weil der Schuldner dem Gläubiger in gewisser Weise eine Verfügungsgewalt über sein Konto überlässt. Darüber hinaus ist es für den Schuldner ratsam, die Belastungen auf seinem Konto regelmäßig und kurzfristig zu prüfen. Im Falle einer nicht berechtigten Lastschrift steht dem Schuldner zwar ein Rückgaberecht für die Lastschrift zu, der Schuldner ist aber dabei an enge zeitliche Grenzen gebunden, die mit der Einführung von SEPA sogar noch mehr zu seinen Ungunsten verändert wurden.

Der wirklich entscheidende Vorteil von SEPA ist, dass man nun im ganzen €uro-Raum genauso schnell und kostengünstig eine Zahlung vornehmen kann, wie dies bisher schon im nationalen Inland möglich war.

Die Zentralbanken sind zu Überwachung dieser Zahlungssysteme verpflichtet. Insbesondere geht es darum, dass alle vereinbarten Standards eingehalten werden und mögliche Risiken frühzeitig erkannt und ausgeschaltet werden.

8.2.4.3 Schecks

In Deutschland sind Schecks inzwischen so gut wie ausgestorben, jedenfalls, was den Geschäftsverkehr mit privaten Kunden angeht. Schecks hatten hierzulande auch nie die Popularität, wie sie vor allem in den angelsächsischen Ländern heute noch existiert. Nur noch schemenhaft erinnern sich die Bürger hier an die Zeiten, wo man in Geschäften mit *Euro-Schecks*[13] umständlich unter Beilegung einer Euro-Scheckkarte und deren Kartennummer Einkäufe tätigen konnte. Dieses Zahlungssystem ist inzwischen auch bereits ausgestorben. Allenfalls Kaufleute bezahlen heute noch Rechnungen mit Schecks, deren Zahlungsverkehrsvolumen nimmt aber stetig ab.

Ganz anders heute noch n den USA. Dort ist der Scheck sowohl für Privat- wie auch Firmenkunden erstes Zahlungsmittel der Wahl. Das Prozedere könnte nicht umständlicher sein. Erst versendet ein Gläubiger eine Rechnung an den Schuldner **per Post**. Dieser stellt dann zur Bezahlung einen Scheck aus und sendet diesen, wieder **per Post**, an den Gläubiger. Der Gläubiger reicht jetzt den Scheck bei seiner Bank ein. Diese zieht den Scheck bei der Bank des Schuldners ein und muss zu diesem Zweck den Scheck wiederum physisch an die Bank des Schuldners versenden, ¬atürlich **per Post**. Wenn die Bank des Schuldners schließlich den Wert des Schecks auf dem Konto des Schuldners belastet hat, ist sie verpflichtet den Originalscheck dem Schuldner, möglicherweise **per Post**, zukommen zu lassen, damit dieser nun prüfen kann, ob die Belastung des Schecks auch überhaupt rechtmäßig war. Glücklicher US-Postal-Service! Gefühlt nimmt man an, dass diese staatliche Einrichtung in den USA glatt die Hälfte seiner Einnahmen allein mit dem Transport von Schecks macht. Glücklich ist auch die Mikrofilmindustrie. Denn seit Jahrzehnten wird von jeder Stelle, die einen solchen Scheck technisch einmal in der Hand gehabt hat, aus Sicherheitsgründen eine Mikrofilmkopie angefertigt.

Aus deutscher Sicht ist die Bearbeitung von Schecks ein höchst ineffizientes System. Heute kaum noch vorstellbar, war die Entwicklung von Schecks als Zahlungsmittel im ausgehenden 19. Jahrhundert damals eine faszinierende Idee zur Vereinfachung des Zahlungs-verkehrs. Denn ein und derselbe Scheck konnte in einer Kette zur Bezahlung gleich mehrerer Geschäftsvorfälle heran gezogen werden. Das Rechtsinstrument, welches dies möglich macht, ist das *Indossament*[14]

---

[13] Die Bezeichnung Euro in diesem Zusammenhang hatte nichts mit der heutigen Währung €uro zu tun, sondern bezog sich allein auf eine breite Gültigkeit des gleichen Scheck-Zahlungssystem in vielen Ländern Europas.

[14] Ein Indossament (lat. von"in dosso' dt. "auf dem Rücken") ist ein Vermerk auf der Rückseite eines hier speziell so genannten Orderpapiers, formal: "Für mich an "eine bestimmte namentlich genannte Person", sowie Ort, Datum und Unterschrift des Indossatars, also des Ausstellers eines

auf der Rückseite des Schecks von jeder Person, die den Scheck einst rechtmäßig in der Hand hatte. Die Idee soll hier einmal an einem Beispiel deutlich gemacht werden:

Ein Hotelgast bezahlt beim Hotelier seine Übernachtung mit einem Scheck. Der Hotelier muss seinerseits dringend einen Lebensmittellieferanten für die Ware an seine Küche bezahlen und gibt diesem den Scheck weiter. Der Lebensmittellieferant bezahlt seinerseits einen Bauern für dessen Früchte mit dem Scheck. Dem Bauern ist der Scheck auch willkommen, weil er damit seinen Saatguteinkauf bei der Genossenschaft begleichen kann. Die Genossenschaft hat sonst keine andere Verwendung für den Scheck und reicht ihn bei ihrer Bank schließlich zum Einzug ein. Kommt der Scheck dann letztlich beim Aussteller, dem ursprünglichen Hotelgast wieder an, kann dieser anhand der Indossamente die ganze lange Zahlungskette verfolgen. Sehr unterhaltsam!

So sehr vor über hundert Jahren diese Handhabung manches im Zahlungsverkehr erleichtert haben mag, ist es heute im Computerzeitalter nur noch anachronistisch. Allein die möglichen technischen Risiken übertreffen bei weitem die Risiken aller anderen Zahlungssysteme. Dennoch hält man besonders in den USA an diesem System fest. Einerseits weil die gesamte technische Infrastruktur bei, mit dem Scheckeinzug beschäftigten, Stellen darauf ausgelegt ist und eine Änderung zu Investitionen in Höhe von Milliarden Dollar führen würden. Zum anderen ist die Bevölkerung an das Schecksystem trotz seiner offensichtlichen Unbequemlichkeiten so gewöhnt, wie an die Maße in Inches, Mails, Gallons und Cups, dass für die Regierung eine Änderung selbst im Rahmen des gewünschten Freihandelsabkommens nicht einmal angedacht wird. Auch hier bewirkt allein das Internet nach und nach eine Veränderung des Zahlungsverhaltens.

Die Überwachung des Scheckverkehrs ist auf der westlichen Seite des Atlantiks in Amerika für die Zentralbank immer noch eine wesentliche Kernaufgabe, während der Scheckverkehr östlich des Atlantiks in Europa langsam zum versiegen kommt.

Indossaments. Damit werden die Eigentumsrechte an dem in Rede stehenden Orderpapier Scheck, verbindlich auf die im Indossament genannte Person übertragen. In den USA wird die lückenlose Einhaltung der Indossamentenkette auf einem Scheck so streng geprüft, dass eine Lücke automatisch zur Nichteinlösung des Schecks führt. Da Indossamente, ob per Hand geschrieben oder durch einen Stempel aufgedruckt, ein höchst individueller Vermerk sind, ist die Indossamenten-prüfung bei den Banken bis heute reine Handarbeit.

8.2.4.4 Massenzahlungsverkehrssysteme

Typisch für den Massenzahlungsverkehr ist eine große Anzahl von Einzeltransaktionen bei gleichzeitig relativ geringen Beträgen pro Transaktion. Darunter dürften die allermeisten üblichen Zahlungen von Privathaushalten in Form von Überweisungen und Lastschriften, Schecks und Kartenzahlungen fallen, etwa für Miete, Telefon, Strom, Internet, Gas und Wasser, Versicherungen, Einkäufe usw. Im Jahr 2013 wurden in Deutschland 19,9 Milliarden Zahlungen mit einem Volumen von 70,6 Billionen Euro im Massenzahlungsverkehr getätigt. Um die Liquiditätsrisiken möglichst gering zu halten, versuchen die Banken ihre gegenseitig entstehenden Forderungen und Verbindlichkeiten aus diesen Zahlungen gegeneinander aufzurechnen und nur den Spitzensaldo als tatsächlichen Geldfluss zu leisten (*Netting*). Dabei verrechnen beispielsweise die deutschen Sparkassen alle Zahlungen zunächst untereinander, so bleibt deren Liquidität im eigenen Gruppensystem erhalten. Banken können auch untereinander bilateral Zahlungen verrechnen. Grundlage ist dafür eine gegenseitige Kontoverbindung. Schließlich bieten sich noch Clearinghäuser für eine Zahlungsverrechnung an. Auf deren spezielle Funktion wird noch später eingegangen.

Der Massenzahlungsverkehr bringt insbesondere ein Kreditrisiko mit sich. Fällt bei der Verrechnung ein Teilnehmer mangels ausreichender Liquidität aus, müsste eine Rückabwicklung aller einzelnen Transaktionen vorgenommen werden. Das könnte zu den bereits angesprochenen Dominoeffekten führen. Die Beobachtung eines reibungslosen Massenzahlungsverkehrs und nötigenfalls kurzfristige Liquiditätsversorgung der Zahlungssysteme ist daher eine wichtige Aufgabe der Zentralbanken.

8.2.4.5 Individualzahlungsverkehr

Es liegt nahe: beim Individualzahlungsverkehr geht es um deutlich weniger Transaktionen, dafür aber mit wesentlich höheren Einzelbeträgen. Hierbei wird auch nicht gegenseitig aufgerechnet, sondern es werden immer die Bruttobeträge transferiert. Alle Zahlungen in diesem System sind zeitkritisch und erfolgen am gleichen Tag. Das gilt sowohl für Interbankenzahlungen aus deren Geschäftsabwicklung, wie auch für entsprechende Kundenzahlungen. Der Individualzahlungsverkehr findet nur bei ausreichender Kontodeckung statt. Damit entfällt weitestgehend das Kreditrisiko, dennoch verbleibt das Liquiditätsrisiko, welches durch die Höhe der Einzelbeträge sogar verstärkt wird. Die Transaktionen im Individualzahlungsverkehr sind Gegenstand des Liquiditätsmanagements, über das bereits ausführlich im Kapitel 7 geschrieben wurde.

Der innereuropäische Zahlungsverkehr erfolgt über TARGET2 (**T**rans-European **A**utomated **R**eal-time **G**ross Settlement **E**xpress **T**ransfer System der **2.** Generation[15]). TARGET2 ist bei den europäischen Zentralbanken angesiedelt und stellt über verschiedene Mechanismen hochliquides Zentralbankgeld zur Verfügung. Es ist zwar ein Bruttosystem, aber die Zentralbanken nehmen eine Nettoverrechnung zwischen den Teilnehmern vor, sodass die Vorteile eines Bruttosystems der schnellen Finalität einer Zahlung mit dem Vorteil eines Nettosystems der Liquiditätsersparnis miteinander verbunden sind.

Die Europäische Zentralbank und die zu ihrem System gehörenden nationalen Zentralbanken überwachen gemeinsam das Funktionieren und die Weiterentwicklung von TARGET2. Wegen seiner Vorteile ist es das bevorzugte Zahlungssystem der Banken untereinander und ist auch in seiner technischen Ausgestaltung Zahlungssystemen in anderen Währungsräumen voraus.

8.2.4.6 Kartenzahlungen und E-Geld

Neben den bereits besprochenen Zahlungssystemen, haben sich für die Verbraucher vor allem die Kartenzahlungen als das Zahlungsmittel der Wahl im täglichen Geschäftsverkehr entwickelt. Mit Karten-zahlungsverfahren (engl. card payment scheme) verfügen die Verbraucher über ihre Konten und Kreditlinien bei ihren Banken, ohne dass sie in der Regel bei dem Kartenherausgeber selbst ein Konto führen. Die Verbraucher können Kartenzahlungen im Handel, für Dienstleistungen, Distanzzahlungen wie im Internet, aber auch als Pfand, etwa für Hotel- und Mietwagenbuchungen einsetzen. Abhängig von der jeweiligen Kartenart, können Kartenzahlungen heute zu einer sofortigen Kontobelastung des Bruttobetrags beim Verbraucher führen, etwa wie die girocard des Deutschen Kreditwesens (Debitkarten), oder, zeitlich verzögert, in Form einer monatlichen Abrechnung. Daneben bieten Kartenunternehmen auch Ratenzahlungen an, räumen dem Verbraucher damit eine Kreditlinie ein, allerdings regelmäßig gegen hohe Zinszahlungen etwa wie bei den bekannten Kartenunternehmen, VISA, Mastercard oder American Express. Alle Kartenverträge mit verzögerter Bezahlung bezeichnet man als die eigentlichen Kreditkarten.

---

[15] Versuch einer Übersetzung ins Deutsche: Europaübergreifendes, automatisches, Echtzeit-Bruttoabwicklungs-, Sofortzahlungssystem der zweiten Generation.

Neben den üblichen Risiken, die mit Kreditkarten verbunden sind, wie Kredit- und Liquiditätsrisiken, kommt bei Kreditkarten wegen ihrer verbreiteten Nutzung im Internet verstärkt noch ein Betrugsrisiko dazu. Die Zentralbanken versuchen in Zusammenarbeit mit verschiedenen Organisationen, die Abläufe im Zahlungsverkehr mit Kreditkarten zu überwachen.

Mit verschiedenen Karten einher geht in jüngster Zeit die Verbreitung von E-Geld (Elektronisches Geld), in Deutschland als GeldKarte bekannt. Verstanden wird darunter jede Art von elektronisch oder magnetisch gespeicherten monetären Werten. Juristisch handelt es sich um eine Forderung gegenüber der Emittenten solcher Karten, mit denen Zahlungsvorgänge getätigt werden können. Bislang handelt es sich in der Praxis eher um Kleinbeträge wie Fahrkarten für den öffentlichen Nahverkehr, Bezahlung von Parkgebühren und ähnlichen Zahlungsvorgängen. Auch hier versuchen die Zentralbanken die Entwicklung dieser Systeme im Hinblick auf deren Integrität und Verlässlichkeit zu verbessern.

8.2.4.7 SWIFT

Nahezu alle Auslandszahlungen werden heute durch SWIFT (engl. **S**ociety for **W**orldwide **I**nterbank **T**elecommunication) übermittelt. SWIFT ist eine 1973 gegründete Genossenschaft mit Sitz im belgischen La Hulpe. Die Genossenschaft ist Europäischem Recht unterworfen. Wie schon aus dem Namen hervorgeht, handelt es sich weder um eine Bank, noch eine andere Art von Zahlungsstelle, sondern lediglich um ein spezifisches Telekommunikationsunternehmen. SWIFT arbeitet für ca. 10.500 Banken, Börsen und Broker in etwa 210 Ländern. Die Anzahl der durch SWIFT weiter geleiteten Nachrichten liegt bei ca. 20 Millionen pro Tag. Das aufgrund der SWIFT-Nachrichten getätigte Zahlungs-volumen beträgt rund 7,5 Billionen Euro, ebenfalls pro Tag!

Die eigentliche Dienstleistung, die SWIFT anbietet, ist die Übermittlung von streng standardisierten Nachrichten zum Zweck von Zahlungen, Kontoauszügen, Wertpapiertransaktionen, *Akkreditiveröffnungen*[16] und so genannten Deckungszahlungen für Devisen- und Wertpapier-transaktionen. Der besondere Erfolg von SWIFT in seiner über vierzigjährigen Arbeit liegt in dem extrem hohen Grad von technischer Zuverlässigkeit von über 99,99 Prozent. Darüber hinaus wurde die Zeitdauer von Auslandszahlungen durch SWIFT drastisch reduziert. War

---

[16] Akkreditive sind im Außenhandel unabdingbar. Sie stellen ein Zahlungsversprechen der Bank eines Importeurs gegenüber einem Exporteur dar. Sie ersetzen dem Exporteur die aufwendige Mühe einer Bonitätsprüfung des Importeurs und versichern dem Exporteur die Bezahlung seiner Ware, wenn er sie auf den Weg gebracht hat. Akkreditive sind ein sehr altes Instrument des Außenhandels.

ein Zahlungsauftrag vor der Einführung von SWIFT mit normaler Auslandspost mindestens zwischen einer und etwa sechs Wochen unterwegs, gelang die Nachrichtenübermittlung nun innerhalb von wenigen Sekunden. SWIFT-Nachrichten gehören heute weltweit zum Industriestandard.

So positiv sich die Handhabung der vormals sehr komplexen Auslandszahlungen durch SWIFT vereinfacht und beschleunigt hat, so schwer wären die Folgen eines Ausfalls von SWIFT für die weltweiten Finanzsysteme, da die Einrichtung einen Monopolcharakter hat. Aus diesem Grund wird SWIFT in besonderem Maße von den Zentralbanken überwacht. Dabei geht es auch um die Entwicklung und Vorhaltung von Notfallplänen, sollten die technischen Einrichtungen von SWIFT durch unvorhergesehene Ereignisse beeinträchtigt werden. Kredit- oder Liquiditätsrisiken liegen hierbei natürlich nicht vor.

8.2.4.8 Continous Linked Settlement System (CLS)

Einer der weltweit größten Finanzmärkte überhaupt ist der Devisenmarkt, also das Geschäft mit dem Tausch Fremder Währungen. Wie sprechen hier über eines der ältesten Finanzgewerbe überhaupt. Schon in der Antike machten unterschiedliche Münzen einen Wechsel dieser Währungen vor allem für Handelsleute notwendig. In der Epoche der frühen Renaissance des 15. Jahrhunderts entwickelten italienische Geldwechsler erste einfache Methoden gewerblichen Münztauschs. Man machte damit bereits damals gute Geschäfte. In Zeiten des modernen Buchgeldes wurde aus dem einstigen Münzwechsel das was wir heute unter Devisengeschäften verstehen.

Der heutige Markt für Devisengeschäfte entstand jedoch erst ab 1971. Zuvor existierte seit dem 2. Weltkrieg bekanntlich kein freier Devisenmarkt, weil das System von Bretton-Woods feste Wechselkurse zum goldgedeckten Dollar bestimmt hatte, wie in Kapitel 4.2 bereits erörtert wurde. Nachdem Bretton-Woods Anfang der 1970er Jahre zusammengebrochen war, unterlagen die Wechselkurse der verschiedenen Währungen dem freien Spiel von Angebot und Nachfrage an den Devisenmärkten, die sich seinerzeit die Banken wie selbstverständlich unter den Nagel gerissen haben. Tatsächlich kann man mit Geschäften an Devisenmärkten sehr schnell enormes Geld verdienen, aber auch genauso schnell wieder verlieren.

Abgesehen von jenem Marktrisiko, besteht am Devisenmarkt ein erhöhtes Kreditrisiko, falls einer der Geschäftskontrahenten seinen Zahlungsverpflichtungen nicht nachkommen kann. Ein anderes Merkmal der Devisenmärkte ist, dass alle Geschäfte Brutto bezahlt werden, das heißt im vollen nominalen Betrag. Devisengeschäfte die unter Banken getätigt werden, zumindest für die gängigen Währungen wie Dollar, €uro, Pfund, Yen, Franken etc., haben nur selten einen Nominalbetrag unter 1 Million - eher ein Vielfaches davon - pro Geschäft. Dadurch fließen handelstäglich enorme Geldsummen ständig rund um den Globus. Im April 2013 entsprach das **tägliche (!)** Handelsvolumen an den weltweiten Devisenmärkten einem Wert von 5,3 Billionen Dollar[17]. Angesichts solcher astronomischer Zahlen wird sofort deutlich, dass mit diesen Geschäften zusätzlich zu den bereits genannten Markt- und Erfüllungsrisiken, ein schier unüberschaubares Liquiditätsrisiko für die Banken dazukommt.

Um dem entgegen zu treten, verfolgen die Zentralbanken der G-10-Länder eine Strategie zur Risikoeindämmung. In diesem Rahmen haben sich die größten Teilnehmer an den Devisenmärkten verabredet, ein gemeinsames Abwicklungssystem zu betreiben, mit dem diese Risiken deutlich reduziert werden können. Es entstand im Herbst 2002 mit CLS (engl. **C**ontinous **L**inked **S**ettlement, dt. etwa: dauerhaft vernetzte Abwicklung) eine Zahlungseinrichtung. Sie sorgt in Zusammenarbeit mit den Zentralbanken dafür, dass die Zahlungen aus Devisengeschäften Zug um Zug abgewickelt werden. Damit wird in der Praxis das Erfüllungsrisiko de facto ausgeschaltet. Eine besondere Herausforderung in dieser Abwicklung ist die zeitpunktgenaue Ein- und Auszahlung der Geschäfte.

Aktuell nehmen direkt an CLS 69 Institute teil. Diese treten allerdings auch als Dienstleister für andere Institute auf, sodass tatsächlich etwa 11.000 Drittparteien ihre Devisengeschäfte über CLS abwickeln können. Da es sich bei CLS um ein Multiwährungssystem handelt, werden Geschäfte für 17 Währungen parallel bearbeitet.

8.2.4.9 Zentrale Kontrahenten

Nicht nur Devisengeschäfte produzieren täglich Transaktionsvolumen die in die Billionen gehen, das gilt auch für Wertpapiergeschäfte und vor allem für *derivate Finanzprodukte*[18].

Damit entsteht zwischen den Kontrahenten erneut ein gigantisches Erfüllungsrisiko. Um dieses und andere Risiken zu minimieren, sind in den letzten Jahren die neuen Einrichtungen eines Zentralen Kontrahenten (engl. **C**entral **C**ounterparty **CCP**) entstanden. Der

---

[17] Zur Veranschaulichung: 5,3 Billionen Dollar sind 5.300 Milliarden oder 5.300.000.000.000

[18] Derivat (vom lat. derivare für „ableiten") sind Geschäfte die nur auf die wirtschaftliche Veränderung eines Basiswerts abzielen. Die Veränderung kann etwa ein Zins oder ein Kurs sein. Basiswerte sind Wertpapiere, Währungen, Edelmetalle, Rohstoffe aber auch Zinssätze, Indices und dergleichen. Derivate werden regelmäßig über einen sehr hohen Betrag von Basiswerten abgeschlossen. Die Transaktion selbst bezieht sich aber nur auf die Differenz aus der Veränderung.

Gedanke ist nun, dass ein Zentraler Kontrahent wie eine Art Vermittler zwischen die beiden originären Geschäftsparteien tritt und zu deren jeweiligem Vertragspartner wird. Dabei übernimmt der CCP das Ausfallrisiko. Wenn ein CCP nun in viele solcher Geschäfte eintritt, ist er in der Lage die gegenseitig daraus entstehenden Forderungen und Verbindlichkeiten seiner Geschäftspartner gegeneinander zu verrechnen oder zu netten, wie das fachlich ausgedrückt wird. Allein durch das Netting von einzelnen Kontrakten kann das gesamte Risikovolumen solcher Geschäfte erheblich reduziert werden.

CCP's verlangen von ihren Geschäftspartnern neben einer einwandfreien Bonität auch die Hinterlegung von Sicherheiten. In Abhängigkeit der laufenden Geschäfte müssen zusätzlich so genannte Margins taggleich geleistet werden. Bei Margins handelt es sich um laufend berechnete Geldzuschüsse, die für den Fall eintretender Verluste heran gezogen werden.

In Deutschland ist beispielsweise die **E**urex **C**learing **AG** (**ECAG**) ein Zentraler Kontrahent innerhalb der Deutsche Börse Gruppe, einer der weltweit größten Börsenunternehmen überhaupt. Daneben gibt es eine **E**uropean **C**ommodity **C**learing AG (**ECC**). Sie ist Zentraler Kontrahent der Leipziger Energiebörse European Energy Exchange. In dieser Funktion bietet die ECC ihre Dienste auch anderen Handelsplätzen etwa in Frankreich, den Niederlanden, Österreich, Ungarn und selbst Großbritannien an. Die Überwachung von CCP's ist eine Kompetenz der Zentralbanken, die sich diese Aufgabe auch länderübergreifend teilen.

Die in diesem Kapitel angesprochenen Details zeigen, was für eine Herkules-Aufgabe die Sicherstellung eines reibungslosen Zahlungsverkehrs durch die Zentralbanken in Wirklichkeit ist. Die Tatsache, dass die breite Öffentlichkeit so gut wie keine Nachricht über nachhaltige Störungen in den Abläufen des Zahlungsverkehrs bekommt, zeigt deutlich, mit welcher Effizienz der internationale und nationale Zahlungsverkehr heute weltweit arbeitet. Was jeder Verbraucher wie selbstverständlich erwartet, etwa dass der Bargeldautomat Geld ausspuckt, oder die Vorabbezahlung einer Urlaubsreise an alle in verschiedenen Ländern sitzenden Dienstleister reibungslos ankommt, oder ein Importeur Waren bezieht, deren Abwicklung vielleicht über fünf Länder und drei Währungen geht, setzt eine der größten Infrastrukturen voraus, die wir überhaupt auf unserem Planeten besitzen. Das Funktionieren und die Überwachung dieser Infrastruktur ist wesentlich von der Kompetenz der Zentralbanken abhängig.

8.3 Preisstabilität und Geldstabilität

Dieses Kapitel beginnt gleich mit Magie! Die deutsche Volkswirtschaft hat in der Nachkriegszeit ein wirtschaftspolitisches Dogma durchgesetzt, welches hierzulande seit 1967 sogar als Stabilitätsgesetz gesetzlich verankert ist. Es geht um das so genannte *"Magische Viereck der Wirtschaftspolitik"*. Darunter werden vier wirtschaftspolitisch anzustrebende Ziele genannt, die idealerweise gleich gewichtet anzustreben sind:

- Preisstabilität (geringe Inflation)

- Hoher Beschäftigungsgrad (niedrige Arbeitslosigkeit)

- Außenwirtschaftliches Gleichgewicht (Importe versus Exporte)

- Angemessenes, stetiges Wirtschaftswachstum

Die Politik soll angehalten sein, Maßnahmen in den Bereichen zu ergreifen, die den angestrebten Zielen noch nicht ausreichend entsprechen. Wären alle vier Ziele einmal gleichermaßen befriedigend erreicht, entstünde damit der Zustand eines makroökonomischen Gleichgewichts.

Der Zauber ist allerdings eher eine verhexte Angelegenheit. Denn leider lassen sich die Ziele nicht immer harmonisch miteinander in Einklang bringen. Sie sind unter Umständen inkongruent, also nicht deckungsgleich, oder wie es der Volksmund ausdrücken würde: „Die Ziele ziehen nicht alle am gleichen Strang". Und auch sonst ist es mit der Magie recht schwierig. Warum müssen die vier genannten Ziele denn die einzigen sein? Ist es in den heutigen Zeiten schwelender Staatsschuldenkrisen nicht viel wichtiger etwa auf einen ausgeglichenen Staatshaushalt und eine geringe Staatsverschuldung zu achten? Oder sollte nicht etwa in Zeiten einer immer weiter auseinander driftenden Einkommensschere eher auf eine gerechte Einkommensverteilung geachtet werden? Oder wäre es gar am besten dafür zu sorgen, dass in allen Belangen der Wirtschaft und des Lebens der Grundsatz der Nachhaltigkeit hoch gehalten wird? Wie werden die Ziele genau definiert und sind die Methoden für ihre Berechnung überhaupt noch so gültig, wie sie es vor fast 50 Jahren einmal waren?

8.3.1 Preisniveaustabilität

Mit all diesen und ähnlichen philosophischen Fragen deutschen Denkens hat sich die Europäische Union allerdings gar nicht erst aufgehalten. Mit der Schaffung des €uro und der Einrichtung der Europäischen Zentralbank wurde allein die Preisstabilität das allen anderen übergeordnete Ziel, für das diese europäische Institution die alleinige Verantwortung trägt.

Laien unterscheiden in der Regel nicht zwischen Geldstabilität und Preisstabilität. Wissenschaftlich sollte ohnehin eher von einer *Preisniveaustabilität* gesprochen werden. Es stellt sich auch kein Henne/Ei-Problem. Um Geldstabilität zu erreichen muss zuerst Preis-niveaustabilität vorhanden sein. Schon immer gibt es das Henne/Ei-Problem allerdings bei der Frage, ob die Preise nach oben gehen weil die Löhne steigen, oder ob die Löhne angehoben werden müssen weil die Preise steigen. Die Frage ist nicht objektiv zu beantworten und hängt vom Standpunkt des Betrachters ab. Das von allen Zielen, die von der Volkswirtschaft definiert worden sind, die Preisstabilität heute den absoluten Vorrang hat, ist eine Folge der Erfahrungen aus den Zeiten der Hyperinflation der 1920er Jahre. Obwohl heute nur noch sehr wenige Zeitzeugen von diesen Ereignissen erzählen können, hat sich jene wirschaftliche Katastrophe so fest in das Gedächtnis der kontinentaleuropäischen Völker eingeprägt, dass kaum jemand ernsthaft an der Wichtigkeit wirksamer Inflationsbekämpfung zweifelt.

Das ist insofern bemerkenswert, weil es sich bei der Inflation faktisch vor allem um eine rein statistische Größe handelt. Gemessen wird die Preisniveaustabilität in Europa auf der Basis des *„Harmonisierten Verbraucherpreisindex"*. Das ist nichts anderes als ein definierter Warenkorb, der in der ganzen Europäischen Union gleich ist. Freilich unterliegt der Inhalt des Warenkorbs einer ständigen Überprüfung. Waren, die in den Korb gelangen, müssen eine bestimmte Marktbedeutung haben. Das liegt auf der Hand. Würde durch technische Innovation beispielsweise Erdöl als wichtiger Primärenergieträger umfassend etwa durch Wasserstoff ersetzt werden, müsste der Warenkorb entsprechend angepasst werden. Statistisch wird dann einmal monatlich ermittelt, wie sich die Preise des Warenkorbs gegenüber dem Vormonat verändert haben. Der sich ergebende Wert wird allgemein als die Inflationsrate bezeichnet. Trotz aller Bemühungen, diesen Wert so korrekt wie möglich zu ermitteln, ist die Methode selbst nicht frei von Problemen. Für die Bürger naheliegend ist der Unterschied zwischen rechnerischer und gefühlter Inflation. Die Verbraucher nehmen Preissteigerungen etwa für Lebensmittel oder Kraftstoffe viel intensiver wahr, als bei Gütern für die sie nicht täglich zahlen müssen. So glaubt man nicht an eine niedrige oder kaum vorhandene Inflation, wenn vielleicht wegen saisonaler Missernten die Preise für bestimmte Grundnahrungsmittel schnell ansteigen. Anderseits wird ein Preisnachlass kaum wahrgenommen.

Die Einflüsse auf die Preisbildung von Gütern sind mannigfältig. Zunächst entstehen Güter aus der Verarbeitung von Rohmaterial. Hier kommen schwankende Rohstoffpreise und das allgemeine Lohnniveau ins Spiel. Das sind aber nur zwei Faktoren. Nach der Herstellung von Gütern kommen die Vertriebskosten dazu. Das ist zum geringsten Teil der Transport der Waren. Den größten Preisanteil am Vertrieb hat der Handel, der sich das Verteilen der Waren vor Ort teuer bezahlen lässt. Je nach Produktart fallen dabei weitere Kosten für Werbung und Vermarktung an. Bei inhaltlich völlig austauschbaren Produkten, etwa wie Putz- oder Waschmittel, kann der Kostenanteil für die Werbung erheblich sein. Letztlich spielen natürlich auch in gewissen Umfang Marktkräfte wie Angebot und Nachfrage eine Rolle. Das alles zeigt: die Preisbildung, und davon ausgehend die Wirkung auf die Preisniveaustabilität, ist durch Einzelmaßnahmen überhaupt nicht steuerbar, sondern lediglich ein statistischer Eckwert, der Ausgangspunkt für geldpolitische Entscheidungen der Zentralbanken ist.

Der Theorie nach kann Inflation, oder ihr Gegenstück die Deflation, nur dann entstehen, wenn sich die Gütermenge einerseits und die Geldmenge andererseits in einem Ungleichgewicht befinden. Steigt die Geldmenge deutlich schneller als die Gütermenge spricht man von der Inflation. Beide Größen, sowohl die Gütermenge als auch die Geldmenge, sind allerdings extrem dynamisch. Da man politisch allgemein anstrebt, dass die Gütermenge wachsen soll (das ist das viel beschworene Wirtschaftswachstum) müsste auch die Geldmenge entsprechend mitwachsen. Daher betrachtet man eine leichte Inflation als nicht schädlich, sondern lediglich als natürlichen Anpassungseffekt an das gewünschte Wirtschaftswachstum. Die Europäische Zentralbank hat diese schadlose Inflation genau definiert. Sie liegt *"unter aber nahe bei zwei Prozent"*[19], wie der EZB-Präsident Mario Draghi es gebetsmühlenartig bei jeder Gelegenheit sagt.

Eine solch dogmatische Festlegung könnte sich allerdings als ein Schuss in den Ofen erweisen. Bedeutet diese Festlegung denn nicht, dass bei jedem besonders guten Wirtschaftswachstum, welches zu einer höheren Inflation als zwei Prozent führen würde, die Zentralbank sofort mit geldpolitischen Maßnahmen jede Konjunktur abwürgen müsste, um ihr alleiniges Ziel der Preisniveaustabilität einzuhalten?

---

[19] engl. „...below, but close to two percent!"

Genau daran unterscheiden sich die wirtschaftspolitischen Denkweisen der Europäer und der Amerikaner fundamental. Die Amerikaner tun alles, um dauerhaft Wirtschaftswachstum zu generieren. Ihnen sitzt das Debakel der Großen Depression der 1930er Jahre zu sehr im Nacken. Dafür würden sie auch sehr hohe Inflationsraten in Kauf nehmen. Die ist für die Amerikaner ohnehin eine nicht ganz unerwünschte Erscheinung, lässt es sich in Zeiten hoher Inflation doch ganz vortrefflich weniger mühevoll *Entschulden*[20]. Im übrigen ist die Inflation jenseits des Atlantiks, viel mehr als in Europa, das was sie tatsächlich ist, eine rein rechnerische Größe, die sich notfalls durch einen amtlichen Federstrich beseitigen lässt. Gerade Deutschland hat das einmal mit der Einführung der Rentenmark so erfolgreich gemacht wie kein anderes Land auf der Welt. Wie viele Waren und Dienstleistungen man nämlich überhaupt bekommt, ist allein von der Geldstabilität abhängig.

8.3.2 Geldwertstabilität

Nominale Geldbeträge allein sagen nichts darüber aus, wieviel man wirklich in der Tasche hat. Mit 100 000,00 €uro ist man zur Zeit in Argentinischen Peso bereits ein Millionär, aber in Kuwait hat man nominal gerade mal 33 000 Kuwaitische Dinare in der Tasche. Was man für sein Geld tatsächlich in einer Volkswirtschaft bekommt, hängt von der Kaufkraft des Geldes ab. Um die Kaufkraft zu vergleichen, gibt es den einfachen Big-Mac-Index. Die Standardprodukte des weltweit operierenden Unternehmens McDonalds sind in Größe, Qualität und Rezeptur überall nahezu gleich. Die einzelnen Komponenten werden aber aus lokalen Produkten und durch die Arbeit lokaler Mitarbeiter zusammengesetzt. So kann man an den lokalen Verkaufspreisen, natürlich unter Berücksichtigung von aktuellen Wechselkursen, sehr gut die Kaufkraft des Geldes in unterschiedlichen Ländern vergleichen. Auf der Basis des US-Dollar Preises vom Juli 2014 mit einem Big-Mac-Preis von 4,80 Dollar in den Vereinigten Staaten, kostet der gleiche Hamburger in der Schweiz 6,83 Dollar aber in Indien gerade mal 1,75 Dollar. Die Kaufkraft des US-Dollar für einen Amerikaner in Indien ist also 2,74 Mal höher als in seinem Heimatland. In der Schweiz müsste sich der Amerikaner allerdings 42 Prozent teurer ernähren, als er das in seiner Heimat gewohnt ist.

Dieses etwas komplexe aber anschauliche Beispiel soll plastisch deutlich machen, wie allein die Kaufkraft des Geldes etwas darüber aussagt, wie reich oder arm man wirklich ist. Ohne Bezug auf das Ausland und ohne Währungseffekte gilt das genauso für das heimische Binnengeld. Die

---

[20] Aktuell (Jahr 2015) beläuft sich die Verschuldung der USA auf etwa 19,04 Billionen Dollar. Diese astronomische Zahl für sich sagt zunächst nichts aus. Besser ist die Relation zum Bruttoinlands-produkt (BIP) der USA. Da beläuft sich die Verschuldung auf 105,06 Prozent des BIP.

Preisstabilität wirkt sich natürlich auf die Geldwertstabilität aus, aber viel wichtiger als das ist für die Geldwertstabilität ein anderer Faktor, die Verzinsung.

Solange man seinen Verdienst unmittelbar für den Gütererwerb ausgibt, etwa für Wohnen, Kleiden, Essen, Transport, Kommunikation u.ä., ist die Preisniveaustabilität von besonderer Bedeutung, was die Kaufkraft des Geldes angeht. An der Stelle aber, wo man Konsumverzicht leistet und also spart, spielt die Verzinsung eine wesentliche Rolle.

Gespart wird in der Regel viel mehr, als man es sich gemeinhin so vorstellt. In Deutschland werden die größten Sparbeiträge bei einem normalen Arbeitnehmer an die Sozialversicherungssysteme geleistet. Die Kranken-, Unfall- und Rentenversicherung aus dem 19. Jahrhundert wurde im 20. Jahrhundert ergänzt durch die Arbeitslosen- und Pflegeversicherung. Das macht bis zur Deckelung durch die Beitragsbemessungsgrenze rund 20 Prozent des Bruttolohns aus. Davon tragen die Arbeitgeber inzwischen eher etwas weniger als die Hälfte. Immerhin aber sind das jeden Monat gewaltige Beträge, die in die verschiedenen Versicherungssysteme fließen. Natürlich könnte man hier kritisieren, dass es sich um Versicherungsbeiträge und nicht um Sparbeiträge handelt. Selbstverständlich werden viele dieser Gelder gleich wieder ausgegeben, so bei den immer klammen Krankenkassen und die Rentenversicherungen kommen auch schon lange nicht mehr ohne Zuschüsse von Steuergeldern aus. Dennoch werden diese Gelder nicht gleich konsumiert und bedürfen zumindest teilweise einer Ertrag bringenden Geldanlage.

Dazu kommen weitere nicht unerhebliche Summen für die private Altersvorsorge. Das sind Kapitalanlagen in Form etwa von Lebensversicherungen und Sparverträgen aller Art bis hin zum Fondssparen, einer indirekten Anlageform in Wertpapieren. In diesem Bild passt einzig der Immobilienerwerb nicht in die Betrachtung, der anderen Bedingungen unterliegt. Dennoch wirkt sich die Geldwertstabilität in dieser umgekehrten Form des Sparens durch Kreditrückzahlung auch aus.

Fast etwas bescheiden sind dagegen die Sparformen die Verbraucher als Bargeldreserven etwa auf Sparbüchern halten. In ihrer Gesamtsumme kommen dabei allerdings auch gewaltige Beträge zusammen. So weist eine Untersuchung der Deutschen Bundesbank für das 2. Halbjahr 2013 unter anderem für die Deutschen Guthaben in Form von Bargeld und Bankeinlagen eine Höhe von rund 1 Billion 861 Milliarden €uro aus. Der Wertpapierbesitz beläuft sich auf 933 Milliarden €uro. Die Ansprüche an Versicherer (ohne gesetzliche Sozial-versicherung) und sonstige Anteilsrechte betrugen rund 1 Billion 576

Milliarden €uro und das Immobilienvermögen wurde mit 5 Billionen 700 Milliarden €uro berechnet. Alles in allem ergab sich nach Abzug von Krediten ein Nettovermögen von 8 Billionen 682,1 Milliarden €uro oder in Ziffern ausgedrückt: 8.682.100.000.000 €uro.

Für diese unvorstellbar großen Geldbeträge ist es von existenzieller Bedeutung, dass sie eine positive Rendite erwirtschaften, also der Gewinn nach Steuern und Kosten. Im Laufe der Zeitdauer der Geldanlage sollte ihre Verzinsung mindestens so hoch wie die zeitlich gleichlaufende Inflation sein, besser natürlich etwas höher. Wäre das nicht der Fall, würden vielleicht die nominalen Werte der Geldanlagen steigen, aber ihre Kaufkraft würde sinken. Anders ausgedrückt, der Preis für den Big Mac tendiert eher in Richtung Schweiz.

Die Geldentwertung durch Inflation ist dann nur eine Schimäre, solange die Einkommen der Menschen im Schnitt deutlich auf dem Niveau der Inflation oder sogar darüber liegen. Zwar würden die Nominalwerte von Löhnen und Gehältern einerseits und von Preisen andererseits ansteigen, aber die Kaufkraft des Geldes wäre nicht beeinträchtigt. Das träfe dann zu, wenn man das eingenommene Geld sofort wieder vollständig konsumiert. Sobald aber Geld nicht konsumiert, sondern gespart wird, ist die Kaufkraft des gesparten Geldes von dessen Rendite abhängig, denn das Einkommen des Geldes ist der Zins.

Die Zentralbanken, die Inflation bekämpfen, dürfen nicht nur die Preisniveaustabilität als alles überragendes Ziel im Auge haben. Sie tragen auch Verantwortung für den Teil des volkswirtschaftlichen Vermögens, der durch Konsumverzicht als Sparvermögen entsteht. Spargeld kann nur durch positive Zinsen ein die Inflation ausgleichendes Einkommen erzielen. Schließlich muss aber durch die Geldpolitik einer Zentralbank auch gewährleistet werden, dass eine Volkswirtschaft ein angemessenes Wirtschaftswachstum erzielen kann. Denn ohne Wirtschaftswachstum sind die beiden anderen Ziele sowieso nur schwerlich zu erreichen.

Das magische Viereck der Wirtschaftspolitik nach deutscher Gesetzgebung kann für eine Zentralbank genauso wenig gültig sein, wie die Konzentration auf nur eines der dort genannten Ziele. Die Politik einer Zentralbank sollte vielmehr ausgewogen auf die Erreichung von drei Eckpunkten achten:

- Preisniveaustabilität im Sinne einer angemessenen Differenz zwischer Inflation und Kaufkraft des Geldes,

- angemessene Verzinsung von Sparvermöger zur Vermeidung von Kaufkraftverlusten der Rücklagen und

- Unterstützung eires notwendigen Wirtschaftswachstums durch Versorgung der Wirtschaft mit der angemessenen Liquidität für Investitionen.

Wie beim Magischen Viereck ist es nicht einfach, diese drei Eckpunkte in einer ausgewogenen Art und Weise zu erreichen. Wie schwierig die Handhabung sein kann, lehrt die aktuelle Phase einer Null-Zins-Politik und der Politik des „Leichten Geldes", die so vorher noch nie von Zentralbanken angewendet worden ist.

Die Politik hat, um etwas zu bewirken letztlich nur das Mittel der Gesetzgebung. Wie dies ausgeübt werden kann, hängt von der jeweiligen politischen Konstellation und allgemeiner Stimmungslagen ab. Die politischen Prozesse sind eher zäh und langfristig. Zentralbanken dagegen haben eine ganze Reihe erprobter Instrumente und Mechanismen, um ihre geldpolitischen Entscheidungen sehr schnell und kurzfristig umzusetzen. In den folgenden Kapiteln wird auf dieses Instrumentarium näher eingegangen.

8.4 Geldmarktgeschäfte

Die Finanzmärkte insgesamt bestehen aus vielen Teilmärkten. Es gibt einen Markt für Devisen, verschiedene Märkte für derivate Finanzprodukte, den Kapitalmarkt und den Geldmarkt. Die beiden letzten unterscheiden sich vor allem in der *Fristigkeit*[21] ihrer Geschäfte. Auch wenn es dabei Überlappungen gibt, so liegt die zeitliche Grenzlinie bei etwa zwei Jahren. Geschäfte mit einer *Fälligkeit*[22] über zwei Jahren sind deutlich dem Kapitalmarkt zuzuordnen, Geschäfte mit kürzeren Laufzeiten unter zwei Jahren gehören eher zum Geldmarkt, solche mit Fälligkeiten unter einem Jahr sind ganz eindeutig Geldmarktgeschäfte. Am Geldmarkt sind die ganz großen Finanzakteure fast unter sich. Geldmarktgeschäfte tätigen Zentralbanken, Kreditinstitute, Pensionskassen, Versicherungen und Fondsgesellschaften. Aus dem Kreis der Nichtbanken kommen solche Industrieunternehmen dazu, die liquide Geldmittel in Größenordnungen halten wie man es von Banken her kennt. Schließlich sind natürlich auch staatliche Institutionen etwa wie die Finanzagentur der Bundesrepublik Deutschland am Geldmarkt tätig.

Es wurde bisher bereits viel über die unbedingte Notwendigkeit gesagt, dass Finanzinstitute zu jeder Zeit und für nahezu jede Geschäftsoperation ausreichend liquide sein müssen, dass sie also über ausreichende Barmittel verfügen. Der Geldmarkt ist der Platz in der virtuellen Finanzwelt, an dem das notwendige Geld gehandelt wird. Weiter oben war bereits davon die Rede, dass sich Banken liquide Mittel bei ihren Zentralbanken beschaffen können, etwa indem sie sich über Diskontwechsel oder Wertpapierverleihung refinanzieren. Aus den Millionen Geschäftsoperationen jeden Tag entstehen bei den vielen Geldmarktteilnehmern Überschüsse und Defizite von Liquidität. Alle Teilnehmer am Geldmarkt haben letztlich ein Interesse daran, diese Liquidität auszugleichen. So bieten Finanzinstitute mit Liquiditätsüberschuss ihre Geldmittel an, letztlich auch um damit Zinsen zu verdienen. Auf der anderen Seite nehmen Banken mit Liquiditätsdefiziten gerne die Geldmittel als Kredite auf, um damit für ihr Gesamtgeschäft ausreichend liquide zu sein. Viele dieser Geschäfte haben eine Laufzeit von nur einem Tag. Es kann sogar sein, dass sich eine Bank im Laufe eines Tages, etwa am Vormittag, Geld leiht, um es am Nachmittag wieder zurückzugeben. Man nennt das ein untertägiges Geschäft, weil seine Laufzeit nur wenige Stunden hat und nicht etwa

---

[21] Das Wort „Fristigkeit" ist hier aus der Volkswirtschaftslehre entlehnt und wird für bestimmte Zeithorizonte verwendet. Allgemein ist die Rede von kurzen, mittleren und langen Fristen. Die Abgrenzung ist jedoch unterschiedlich und muß dem jeweiligen Kontext entnommen werden.

[22] Das Wort „Fälligkeit" ist ein Rechtsbegriff und bezeichnet einen Leistungstermin, zu dem ein Schuldner seine Leistungspflicht erfüllen muss (landläufig: liefern oder zahlen). Es handelt sich also um einen konkreten Zeitpunkt.

weil es in einer Bergbaugrube getätigt wird. Die Zentralbanken spielen auf dem Geldmarkt eine wichtige Rolle. Sie steuern ganz wesentlich sowohl die Menge des umlaufenden Geldes auf dem Geldmarkt, als auch den Preis, der für Geldgeschäfte gezahlt werden muss, also den Zins. Geldmarktgeschäfte und Zinsoperationen sind daher eines der wichtigsten Steuerungsinstrumente der Zentralbanken. Hier werden nachfolgend einige der wichtigsten Instrumente erörtert.

8.4.1 Tages- und Termingelder

Schon aus der Bezeichnung leitet sich die extreme Kurzfristigkeit dieser Geschäfte ab. Es geht grundsätzlich um Geldgeschäfte mit einer Laufzeit von einem Tag. Dabei ist ein Tag aber nicht unbedingt 24 Stunden lang. Es gibt beim Tagesgeld drei Hauptvarianten:

- *Overnight-Geschäfte,* abgekürzt „overnight" (dt. für „Übernacht"). Der Begriff spricht für sich. Das Geld aus dem overnight steht für eine Nacht zur Verfügung. Rückzahlung erfolgt am nächsten Tag inklusive Zinsen, sofern der nächste Tag ein Bankarbeitstag ist!

- *Tom/Next-Geschäfte,* abgekürzt T/N (engl. „Tomorrow-against-next-day", dt. *„morgen auf übermorgen"*[23]). Vereinbart wird heute, dass von morgen auf übermorgen Geld zur Verfügung gestellt wird, welches übermorgen inklusive Zinsen zurück gezahlt wird, wobei heute, morgen und übermorgen natürlich Bankarbeitstage sein müssen!

- *Spot*[24]*/Next-Geschäfte,* Abkürzung für „Spot-against-next-day" (dt. von heute auf übermorgen). Die marktübliche Fälligkeit (Valuta) dieser Geschäfte beträgt zwei Bankarbeitstage. Vereinbart wird heute, dass in zwei Bankarbeitstagen Geld zur Verfügung gestellt wird und am darauffolgenden Tag inklusive Zinsen zurückgezahlt wird.

---

[23] Ein fachsprachliches Wunder. Eine- der wenigen Begriffe der im Deutschen leichter zu verstehen ist als im Englischen. In der englischen Sprache gibt es keinen Begriff für „übermorgen" oder gar „überübermorgen". Die liefern dem Deutschen sofort eine klare zeitliche Definition. Das Englische kennt nur „tomorrow" für morgen und nur darauf bezogen ist der „next day" bestimmt übermorgen. Ausgehend von heute „today" kennt das Englische nur einen bestimmten Tag in der Vergangenheit „yesterday" für gestern. Alle anderen Tage sind in der englischen Sprache zeitlich unbestimmt. Ob sie in der Vergangenheit oder Zukunft liegen, es ist immer nur die Rede von „the other day" der andere Tag.

[24] Der englische Begriff „spot" eigentlich dt. für „Punkt" oder auf den „Punkt bringen", leitet sich in diesem Zusammenhang von der englischen Interpretation des Begriffs „spot cash" für „paid upon delivery" ab, dt. „Zahlung bei Lieferung".

Der Haken an der Sache ist der Begriff der Bankarbeitstage. Das sind keine Samstage, Sonntage und gesetzliche Feiertage des Landes, in dem die gehandelte Währung gesetzliches Zahlungsmittel ist. Von Montag bis Mittwoch können das also regelmäßig zwei Tage sein. Spot-Geschäfte, die an einem gewöhnlichen Donnerstag abgeschlossen werden, sind wegen des Samstags und Sonntags erst am Montag fällig, also nach drei Tagen. Kommt es zu längeren Feiertagskonstellationen, in Deutschland sind das regelmäßig Ostern und Pfingsten und unregelmäßig Weihnachten, addieren sich die Feiertage auf vier Tage. Fallen der 1. und der 2. Weihnachtsfeiertag gar auf einen Montag und Dienstag sind es gleich fünf Tage. Um alles noch viel komplizierter zu machen, sind die jeweils ausländischen Feiertage entsprechend zu berücksichtigen.

Daneben lassen sich auch *Termingelder* vereinbaren. Das sind kurz gesagt alle Geldgeschäfte, die nicht zu einer der drei obigen Tagesgeldvarianten zählen und Laufzeiten in der Regel bis zu einem Jahr haben. Die Rückzahlung inklusive Zinsen erfolgt am vereinbarten Termin, der natürlich immer ein Bankarbeitstag sein muss!

Schließlich gibt es *Callgelder*, eine Mischform aus Tages- und Termingeld. Es gibt keinen festen Rückzahlungstermin. Sofern Rückzahlung erfolgen soll, muss sie 48 Stunden (bezogen auf Bankarbeitstage!) vorher aufgerufen werden (daher engl. „call", für dt. „Ruf").

Zuletzt soll noch die Variante des *Rollover-Geschäfts* erwähnt werden. Die Natur dieser Geschäfte ist, dass zur Fälligkeit eines Geldgeschäfts die ursprüngliche Vereinbarung über die Ausleihung des Geldes in Absprache untereinander verlängert wird (engl. „rollover" für dt. „Verlängerung"). Gleichwohl werden bei jeder Absprache über eine Verlängerungen die Konditionen des Geschäfts neu vereinbart. Je nach Marktlage können sie unverändert bleiben oder müssen angepasst werden. Mehrfachverlängerugen in einer Kette für dasselbe Grundgeschäft sind möglich. Der genaue Zeitpunkt der Abwicklung bleibt ungewiss. Die Rückzahlung erfolgt erst dann, wenn keine neue Rollover-Vereinbarung getroffen worden ist.

8.4.2 Geldmarktderivate

Es wurde bereits in Kapitel 8.2.4.9 kurz auf den Begriff des Derivats eingegangen. Die Vereinbarungen über ein Derivat-Geschäft beziehen sich immer auf einen Basiswert (engl. „underlying"). Basiswerte können Wertpapiere, Rohstoffe, Edelmetalle, Kennzahlen wie Zinsen oder

Indikatoren[25], Devisen oder aber eben auch Geld an sich sein. Entscheidend ist, dass sich die Basiswerte an Märkten handeln lassen und somit eine nachvollziehbare Preisbewegung der Basiswerte stattfindet. Derivate Produkte zielen nun nicht auf die Basiswerte selbst ab, sondern eher auf die Differenzen in den Preisen der Basiswerte, welche sich aus der Marktentwicklung ergeben. Prinzipiell sind alle Derivate von ihrer Natur her Wetten auf eine bestimmte Preisentwicklung an Finanzmärkten. Die Vereinbarungen über ein Derivat-Geschäft befassen sich nur mit den Preisdifferenzen. Daher fallen die tatsächlichen Zahlungen aus Derivatgeschäften auch viel niedriger aus, als ihre meist großvolumigen Basiswert-Beträge.

Wenn man Derivatgeschäfte verantwortungsvoll abschließt, helfen sie beiden Kontrahenten, sich gegen negative Folgen von Preisentwicklungen abzusichern. Sie werden daher auch schon mal als Sicherungsgeschäfte bezeichnet. Dabei kann man sich gegen alle möglichen Preisrisiken absichern. Etwa steigende oder fallende Zinsen oder Kurse von Basiswerten, je nach dem über welche Handelsposition man verfügt. Der gegenseitige Nutzen kann sich dann einstellen, wenn man am Markt einen Handelspartner sucht, der eine genau gegenläufige Handelsposition hat. Anders ausgedrückt: beide Handelspartner verfolgen mit ihrem Geschäft genau entgegengesetzte Ziele.

Dieser Mechanismus soll hier in Form eines extrem vereinfachten Beispiels von privaten Verbrauchern dargestellt werden, eine Konstruktion die so freilich in der Praxis nicht vorkommen wird:

Der Privatmensch A will ein Haus bauen und muss dafür einen Kredit zu einem Zinssatz von 6 Prozent aufnehmen. Die Laufzeit des Kredits beträgt zunächst fünf Jahre. A kann auch nach fünf Jahren unter keinen Umständen deutlich mehr als 6 Prozent Zinsen zahlen. Um sich gegen eine mögliche drastische Zinserhöhung nach fünf Jahren abzusichern, sucht er einen Geldanleger B der sein Geld für 3 Prozent auf fünf Jahre angelegt hat und auch danach unter keinen Umständen weniger als 3 Prozent erhalten möchte. A und B könnten nun eine Vereinbarung treffen, die sich mit der Zinsentwicklung nach fünf Jahren beschäftigt. Sollte nach fünf Jahren sowohl der Kreditzins, wie auch der Anlagezins steigen, könnte B dem A einen Teil seiner erhöhten Zinseinnahmen abgeben, womit dieser seine Zinskosten wieder auf 6 Prozent

---

[25] Indikatoren (engl. indices) sind nichts weiter als statistische Kennzahlen. Gleichwohl spielen sie an Finanzmärkten eine große Rolle. Aktienindikatoren wie der Dow-Jones, S&P 500 oder der DAX, repräsentieren nichts anderes als einen Durchschnittswert ausgesuchter Aktien. Sie erlauben eine konzentrierte Betrachtung einer Marktentwicklung in nur einer einzigen Kennzahl. Insofern unterstützen sie Marktteilnehmer bei ihren Investitionsentscheidungen, kaufen oder verkaufen.

ausgleichen würde. Sollten die Zinsen nach fünf Jahren sinken, könnte der A dem B einen Teil seiner gesparten Zinsen zahlen, wodurch dieser seine Geldanlage weiterhin mit 3 Prozent verzinst bekommt. In welche Richtung auch immer die Zinsentwicklung geht, beide Seiten können aufgrund dieser Derivatvereinbarung profitieren. Voraussetzung ist, dass beide auf die Ausnutzung ihrer maximalen Gewinnmöglichkeit verzichten und dem anderen *einen Teil ihres Nutzen überlassen*[26]. So haben beide Seiten eine Gewissheit, egal wie sich nach fünf Jahren die Zinsen entwickeln, sie haben ihre ursprüngliche Kalkulation abgesichert. Wenn es soweit ist, wird nur die Differenz aus den Zinsbeträgen gezahlt.

Setzt man derivate Finanzprodukte allerdings spekulativ ein, das heißt man wettet auf bestimmte Marktentwicklungen mit offenen *Geschäftspositionen*[27], kann man je nach der Preisentwicklung an den Märkten nur der große Sieger oder der große Verlierer sein. Hier werden nun kurz einige der geläufigsten Derivatgeschäfte beschrieben:

- *Forward Rate Agreement:* Das Wort „forward" (dt. wörtlich für „vorwärts") ist in der Finanzterminologie immer im Sinne „auf die Zukunft/in der Zukunft" liegend ausgerichtet. Forward-Geschäfte sind in der deutschen Fachterminologie Termingeschäfte, wobei Termin bedeutet, dass ein Ereignis in der Zukunft liegt. Die „forward rate" ist demnach ein Terminkurs also ein für die Zukunft heute schon festgelegter Preis. Bei einem Forward Rate Agreement geht es den beiden Parteien darum, für einen Kapitalbetrag einen bestimmten Zinssatz, den Basiszinssatz, zu vereinbaren. Dieser wird dann zu einem bestimmten Termin in der Zukunft mit einem Referenzzinssatz verglichen. Der Sinn des Geschäftes ergibt sich aus dem Vergleich des heute vereinbarten Basiszinssatzes mit dem in der Zukunft zu ermittelnden Referenzzinssatzes. Das ist regelmäßig der LIBOR (**L**ondon **I**nter**b**anking **O**ffer **R**ate[28]). Je

---

[26] Dieser Verzicht auf die Ausnutzung einer maximalen Gewinnmöglichkeit ist übrigens auch ein Kern der Spieltheorie, wie sie von dem Mathematiker John Forbes Nash jr. (1928 - 2015) entwickelt wurde. Nash, der in der Mitte seines Lebens an Schizophrenie erkrankte, erholte sich später wieder von seiner Krankheit und erhielt für seine Leistungen zusammen mit dem Deutschen Reinhard Selten und dem ungarisch-amerikanischen Wissenschaftler John Charles Harsanyi 1994 den Wirtschaftsnobelpreis. Das Leben von John Forbes Nash verfilmte Hollywood in dem preisgekrönten Film *A Beautiful Mind*.

[27] Eine Position (oder Geschäftsposition) ist der Bestand von Finanzinstrumenten, die ein Händler am Beginn eines Handelstages in seinen Büchern hat (Anfangsbestand). Dann beginnt ein Händler mit seinen Geschäften. Er kauft und verkauft Finanzinstrumente über den Verlauf des Tages. Was am Ende des Geschäftstages an Finanzinstrumenten übrig bleibt, als Forderung oder Verbindlichkeit der Institution für die der Händler tätig ist, ist der Endbestand. Ein Bestand kann auch gleich Null sein.

[28] Der LIBOR gilt international als der wichtigste Referenzzinssatz für Geldmarktgeschäfte unter Banken. Es handelt sich um einen kalkulierten Zinssatz. Einige wenige ganz große Banken melden an jedem Londoner Bankarbeitstag gegen 11:00 Uhr Londoner Zeit an eine Nachrichtenagentur den Zinssatz, zu dem sie zu diesem Zeitpunkt ungesicherte Geldmarktkredite aufnehmen würden. Es

nach Kontrakt und wie die Differenz zwischen den beiden Zinssätzen ausfällt, verpflichtet sich eine Partei, an die andere den Differenzbetrag auszuzahlen. Damit kann sich eine Vertragspartei gegen unerwünschte Zinsänderungen absichern.

- *SWAP:* (aus dem Englischen „to swap" für dt. „tauschen") ist ein Oberbegriff für eine ganze Reihe von Tauschgeschäften, bei denen vereinbart wird, in der Zukunft bestimmte Zahlungsströme (engl. „cash flows") auszutauschen. In der Finanzwelt gibt es u.a. Devisenswaps, Asset-Swaps, Credit Default Swaps und eben die hier interessanten Zinsswaps. Ähnlich wie bei einem Forward Rate Agreement vereinbaren die Geschäftspartner, zu einem Zeitpunkt in der Zukunft Zinszahlungen auf einen Kapitalbetrag auszutauschen. Bei diesen Kontrakten wird dann ein im Geschäft vereinbarter Festzinssatz mit einem variablen Referenzinssatz verglichen. Bei Fälligkeit kommt es meist nur zur Zahlung der Differenz aus den gegeneinander aufgerechneten Zahlungsverpflichtungen. Auch durch einen SWAP können sich die Vertragsparteien gegen das Risiko von Zinsänderungen absichern.

- *Future:* (aus dem engl. für dt. „zukünftig") ist ein Geschäft, dessen Erfüllung ebenso in der Zukunft liegt. Das ist prinzipiell dasselbe wie bei einem Forward-Geschäft. Der sprachliche Unterschied wird abgeleitet von der Tatsache, dass es sich bei Forward-Geschäften um außerbörsliche Geschäfte handelt, während Futures deren börsengehandelte Form sind. Bei Future-Kontrakten wird festgelegt, welcher Basiswert und in welcher Menge (Betrag) zu einem bestimmten Preis an einem bestimmten Tag in der Zukunft gehandelt wird. Anders als bei den beiden obigen Geschäftsarten, bei denen zur Fälligkeit nur Differenzbeträge fließen, werden Futures grundsätzlich brutto bezahlt, das heißt es fließt der ganze Nominalbetrag. Es ist jedoch üblich, eingegangene Geschäfte, auch offene Handelsposition genannt, durch ein gleichgroßes und gleichfälliges Gegengeschäft auszugleichen und damit die offene Handelsposition wieder zu schließen. Sinn von Futures ist es, den künftiger Preis eines Basiswertes schon heute verbindlich festzulegen und damit abzusichern.

---

handelt sich also um einen Angebotszinssatz. Aus diesen Preisen wird nach einer Formel und autorisiert durch eine englische Behörde ein Durchschnittszinssatz errechnet, der dann gegen 11:45 Uhr als LIBOR veröffentlicht wird. Der LIBOR findet als Referenzinssatz in Millionen Geschäftsabschlüssen Anwendung.

8.4.3 Offen-Markt-Geschäfte (Hauptrefinanzierungsinstrumente)

Im Kapitel 8.2.2 war bereits von Diskont- und Lombardkrediten die Rede, mit denen sich Geschäftsbanken bei ihrer Zentralbank klassischerweise refinanzieren können. An jener Stelle sollte dieser Beitrag zum Verständnis der Funktion einer Zentralbank als Bank der Banken beitragen. In diesem Kapitel kommen diese Refinanzierungs- arten wieder vor, allerdings hier unter dem Gesichtspunkt der Instrumente, mit denen eine Zentralbank auf den Geldmarkt Einfluss nimmt. Mit der Etablierung der Europäischen Zentralbank in Europa, wurden von der EZB einige klassische Instrumente neu definiert. Die Europäische Zentralbank fast unter dem Begriff *„Hauptrefinanzierungsinstrumente"* (engl. „main refinancing operation" MRO) einige der Klassiker zusammen und bezeichnet die entsprechenden Zinssätze neu. Das schließt nicht aus, dass in anderen Zentralbanken nach wie vor eher klassische Begriffe gebraucht werden, doch wollen wir uns hier an den europäischen Gegebenheiten orientieren.

Das wichtigste Instrument dabei ist für die EZB der so genannte *Haupttender*[29]. Es handelt sich um *Wertpapierpensionsgeschäfte*[30]. Geschäftsbanken erhalten Geld gegen die Hergabe von Wertpapieren. Umgekehrt kann die Zentralbank aber auch entscheiden, dass sie den Banken bestimmte Wertpapiere gibt, die die Banken natürlich mit Geld bezahlen müssen. So reguliert eine Zentralbank über den Ankauf und Verkauf von Wertpapieren direkt die umlaufende Geldmenge. Mittels des Haupttenders werden in Europa etwa drei Viertel des Refinanzierungsvolumens der Banken geregelt. Der Zinssatz für diese Geschäfte wird als der *Hauptrefinanzierungssatz* (main refinancing operations) bezeichnet und ist der entscheidende Leitzins der EZB überhaupt. Die Kredite für die Geschäftsbanken aus dem Haupttender haben eine extrem kurze Laufzeit von einer Woche. Das ist das Instrument mit dem direktesten Einfluss einer Zentralbank auf den Geldmarkt, da sie die Konditionen wie Preis, Volumen und Geldflussrichtung in wöchentlichem Rhythmus bestimmt.

---

[29] Der in der Finanzbranche benutzte Begriff „tender" stammt von einem Englischen Substantiv ab und bedeutet „Angebot" oder „Offerte". Allgemein wird auch das Substantiv „tender" im Zusammenhang mit der Vorstellung einer Einheit oder Einrichtung zur Versorgung von irgendwas oder irgendjemanden benutzt. Lehnt man sich an die deutsche Militärsprache an, kann man bei „tender" von einem Versorger sprechen. Das trifft im übertragenen Sinn die Bedeutung hier ziemlich genau. Durch einen Tender versorgt eine Zentralbank den Finanzsektor mit Liquidität oder entsorgt diese auch schon mal.

[30] Als Wertpapierpensionsgeschäft bezeichnet man einen Kontrakt, bei dem der Eigentümer von Wertpapieren diese für eine begrenzte Zeit verkauft. Ist der Eigentümer zum Rückkauf verpflichtet spricht man von einem *echten Wertpapierpensionsgeschäft*. Ist der Eigentümer dagegen nur berechtigt aber zum Rückkauf nicht verpflichtet, spricht man von einem *unechten Wertpapierpensionsgeschäft*.

Während die EZB aktiv von sich aus mit dem Instrument des Haupttenders in den Geldmarkt eingreift und primär dort Menge und Preis steuert, dient das Instrument der *Spitzenrefinanzierungsfacilität*[31] der kurzfristigen Liquiditätsversorgung der Banken. In der Spitzenrefinanzierungsfacilität finden wir den klassischen Lombardkredit wieder. Wie bereits beschrieben, geben Banken der Zentralbank Wertpapiere als Sicherheit gegen kurzfristige Geldmittel. Der Zinssatz für diese Kredite ist der *Spitzenrefinanzierungssatz* (engl. „marginal lending facility") und damit einer der drei Leitzinssätze der EZB.

Zuletzt gehört zu den Leitzinssätzen der EZB der *Einlagesatz* (engl. „deposit facility") der für die *Einlagefacilität* berechnet wird. Einlagen sind kurzfrisitge Guthaben der Geschäftsbanken bei der Zentralbank, die so normalerweise überschüssige Liquidität parken können. Nach dem Verständnis der EZB hat die Einlagefacilität das klassische Diskontgeschäft abgelöst. Freilich hat sich heraus gestellt, dass Zentralbanken den Zinssatz für Einlagen auch ins Negative drehen können. In diesem Fall erhalten Banken für ihre Guthaben keinen Guthabenzins, sondern müssen für ihre Gelder sogar noch Zinsen zahlen. Diese Umstände werden im Kapitel über Nullzins- und Negativzinspolitik näher erörtert.

Neben den obigen drei Offen-Markt-Geschäften, die durch einen Leitzins bepreist werden, gibt es noch die Geschäftsvariante des *Basistender* (engl. „long-term refinancing operation LTRO"). Diese Geschäfte machen etwa 20 Prozent des Refinanzierungsvolumens der EZB aus. LTRO's sind genauso wie MRO's Wertpapierpensionsgeschäfte. Der Unterschied liegt in der Fristigkeit. Diese beträgt nicht eine Woche, sondern in der Regel drei Monate. Es können aber auch Laufzeiten von sechs oder zwölf Monaten angeboten werden, in Ausnahmefällen gab es bereits Tender mit Laufzeiten von bis zu drei Jahren. Sinn der LTRO's ist eine längerfristige Grundversorgung der Banken mit Liquidität. Die Bepreisung der Basistender erfolgt mit dem Angebot individuell.

---

[31] Der aus dem Englischen stammende Begriff „facility" bezeichnet eine Institution, die zur Erleichterung bestimmter Aufgaben eingerichtet wird. Das können ganz unterschiedliche Dinge sein, wie Sportanlagen, Postdienste, Einkaufsmöglichkeiten, Bankdienste u.v.m. Ursprünglich stammt das Wort von dem lat. „facilitas" und bedeutet dort „Leichtigkeit". In diesem Zusammenhang geht es darum, Einlagen und Kredite unter bestimmten Rahmenbedingungen einfach anlegen bzw. aufnehmen zu können.

8.5 Mindestreserven

Lange bevor Mindestreserven zu einem geldpolitischen Instrument der Zentralbanken mutierten, lag ihr Ursprung in dem Gedanken, die Kundeneinlagen bei Banken in irgendeiner Weise gegen plötzliche Zahlungsschwierigkeiten einer Bank abzusichern.

Die Anfänge der Mindestreserven gehen daher bis in die 1840er Jahre zurück und entstanden in einigen US-Bundesstaaten. Die Idee war, einen bestimmten Prozentsatz der Kundeneinlagen als Reserve zurück zu halten. Über die Jahre entwickelte sich die Funktion der Mindestreservehaltung weiter, bis in den USA ab 1935 das Board of Governors des Federal Reserve System (US-amerikanisches Zentralbanksystem) durch Gesetz die Ermächtigung erhielt für die Banken flexibel Reservesätze festzulegen.

Erst mit dieser Flexibilität wurden die Mindestreservesätze auch zu einem geldpolitischen Instrument der Zentralbanken. Älteste Entwicklungsansätze der Mindestreserve entstanden in Deutschland ab 1914. Es kam aber erst durch das Kreditwesengesetz von 1934 zu einer gesetzlichen Grundlage für die Reichsbank, von der diese in der Praxis allerdings keinen Gebrauch machte. So wurde in Deutschland die Mindestreserve spät, mit dem Bundesbankgesetz von 1957, als ein Instrument der Zentralbank eingeführt.

Die Mindestreservesätze sind keine Preise etwa in Form von Zinssätzen. Stattdessen müssen die Banken eine Liquidität unverzinslich bei einer Zentralbank hinterlegen. Mindestreservesätze werden von Zentralbanken für ihr zuständiges Währungsgebiet festgelegt. Global operierende Banken müssen also unterschiedliche Mindestreservesätze beachten. Mindestreservesätze divergieren stark. Zur Zeit liegt die Spanne zwischen einem Prozent bei der EZB und 20 Prozent bei der Chinesischen Volksbank. Dazwischen liegen etwa die Schweizerische Nationalbank mit aktuell 2,5 Prozent und das Federal Reserve System der USA mit 10 Prozent.

Einige Volkswirte vertreten die Auffassung man sollte generell Mindestreservesätze von 100 Prozent einführen, um damit bei den Banken die Möglichkeit der *Giralgeldschöpfung*[32] zu unterbinden. Dahinter verbirgt sich das Phänomen, dass eine Bank durch Kreditvergabe neues, bisher nicht

---

[32] Der in Deutschland übliche Begriff des „Girokontos" und davon abgeleitet des „Giralgeldes" ist ein Kunstwort. Der Wortteil „giro" stammt aus dem italienischen und bedeutet soviel wie „Kreis" aber auch „Umlauf". Letzteres trifft den Sinn genau, denn bei Giralgeld handelt es sich um nichts weiteres, als das wie Bargeld umlaufende Buchgeld auf einem gewöhnlichen Bankkonto.

vorhandenes Geld künstlich schafft, indem sie für den Teil der Kunden-einlagen, der nicht von der Mindestreserve betroffen ist, wieder Kredite ausleiht. Dieser Vorgang wird als Giralgeldschöpfung bezeichnet. Dieses Phänomen der Giralgeldschöpfung ist eine der Hauptkritikpunkte bei der Frage, wie Geldblasen und damit indirekt auch Inflation überhaupt zustande kommt. Wenn eine Bank zum Beispiel Kundeneinlagen in Höhe von 100 000 hat und eine Mindestreserve von 10 Prozent bei ihrer Zentralbank hinterlegen muss, verbleiben der Bank 90 000 zur Kredit-vergabe an andere Kunden. Dabei verleiht die Bank allerdings nicht die 90 000, sondern vergibt den anderen Kunden Kreditlinien für 90 000. Somit schöpft die Bank neues, bislang nicht vorhandenes Geld in Höhe von 90 000 und der neue Geldumlauf beträgt jetzt 190 000, sofern die anderen Kunden ihre Kreditlinie voll in Anspruch nehmen.

Technisch bezieht sich die Mindestreserve nur auf die Kundeneinlagen mit einer Laufzeit von unter zwei Jahren, die von Nichtbanken, also etwa Industrieunternehmen und Privatpersonen, bei Banken deponiert werden. Gemessen werden dann von den Zentralbanken die Geldeinlagen der Kunden (das Mindestreserve-Soll) anhand von einem Durchschnittswert der zugrunde liegenden Einlagen in einer Vormonatsperiode. Auf diesen Wert müssen die Banken entsprechende Liquidität (Mindestreserve–Ist) bei der Zentralbank als Mindestreserve vorhalten.

Als geldpolitisches Instrument kann eine Zentralbank die Mindestreserve vor allem zur Liquiditätsverknappung durch die Erhöhung des Mindestreservesatzes gebrauchen.

8.6 Outright Monetary Transactions

Im Zuge der aktuellen Staatsschuldenkrise hat die EZB ein neues Instrumentarium entwickelt, welches unter der Bezeichnung *Outright Monetary Transactions (OMT's)* bekannt geworden ist. Bisherige deutsche Übersetzungen wie etwa „geldpolitische Outright Geschäfte" oder „endgültige Käufe und Verkäufe in der Geldpolitik" liegen allesamt völlig daneben, weil sie entweder den Begriff nicht vollständig übersetzen, oder den Sinn der Aussage nicht vermitteln. Das Wort „outright" wird im Englischen benutzt, um diverse absolute Zustände zu beschreiben, etwa wie engl. „with nothing kept back" für dt. „ohne Vorbehalt", oder engl. „given without reservation" dt. für „bedingungslos". Outright-Geschäfte werden also am besten als *>Bedingungslose Geldgeschäfte<* übersetzt, wobei sich die Bedingungslosigkeit weniger auf die Konditionen der Geschäfte, als vielmehr auf die Konsequenzen aus den Geschäften bezieht. Bei OMT's kauft die EZB vor allem Staatsanleihen, auch von minderer Risikoqualität, nahezu unbegrenzt auf.

Die Einführung der OMT's im September 2012 ersetzte das bis dahin existierende *Securities Markets Programm* der EZB zum Ankauf von Staatsanleihen und privatwirtschaftlichen Anleihen. Entstanden ist das Instrument aus einer Not heraus. Vor dem Hintergrund einer Staatsschuldenkrise diverser europäischer Länder, wurde auf den globalen Finanzmärkten immer stärker gegen Staatsanleihen hoch verschuldeter Euroländer und gegen den €uro selbst spekuliert. Die Spekulationen wuchsen sich zu einer Krise innerhalb der schon vorhandenen Staatsschuldenkrise aus. Diese Situation führte auf ihrem Höhepunkt zu der berühmten Aussage des amtierenden EZB-Präsidenten Mario Draghi am 26. Juli 2012, wonach die EZB *„innerhalb ihres Mandates alles Erforderliche tun werde, um den €uro zu erhalten."* Draghi gelang es, allein durch diese Aussage die Märkte zu beruhigen und *den Spekulationen schlagartig ein Ende zu setzen*[33]. Ab 6. September 2012 standen dann die Bedingungen für die Einrichtung der OMT's fest.

Von Anfang an war der Beschluss zur Einrichtung von OMT's stark umstritten. Kritiker sehen darin einen Akt verbotener Staats-finanzierung durch die Europäische Zentralbank. Das wird unter anderem begründet mit der teilweisen schlechten Risikoqualität der betroffenen Staatsanleihen, aber auch weil die EZB keine klaren quantitativen Grenzen für das Ankaufvolumen gesetzt hat.

---

[33] Neben der Einführung der Rentenmark, die mit einem Schlag die Hyperinflation der 1920er Jahre beendete, haben wir hier ein weiteres sehr aktuelles Beispiel dafür, wie irrationale Markthysterien ausgelöst durch massive Vertrauensverluste mit vergleichsweise einfachen Mitteln gebändigt werden können.

Wie dem auch sei, tatsächlich ist bislang noch kein einziges OMT-Geschäft realisiert worden. Allein die Ankündigung dieser Maßnahme hat mit einem Schlag jede weitere Spekulation gegen den €uro als solches und gegen diverse europäische Länder bzw. deren Staatsschulden an den globalen Märkten gestoppt. Es wird sich erst in Zukunft zeigen, ob dieses Instrument tatsächlich rechtlich Bestand hat und in der Realität auch wirklich zur Anwendung kommt.

8.7 Nullzins- und Negativzinspolitik

Schon viel älter und tatsächlich bereits verschiedentlich angewandt, wenngleich auch nur selten, ist dagegen das Instrumentarium der Nullzins- und Negativzinspolitik. Hier ist die Schweiz zugleich Opfer und Vorreiter für die Negativzinspolitik. Entstanden ist diese Vorgehensweise dort bereits in den 1960er Jahren und wurde seitens der Schweizer Nationalbank zwischen 1964 bis 1966 und mit Unterbrechungen von 1971 bis 1979 und jüngst seit Dezember 2014 angewendet. Die EZB hat Negativzinsen auf das Instrument der Einlagenfacilität (s. Kapitel 8.4.3) seit Juni 2014 eingeführt.

Dabei ist die Schweiz in vielerlei Hinsicht ein nachvollziehbarer Sonderfall. Gegründet wurde die Schweiz als moderner Bundesstaat am 12. September 1848. Bis heute gilt der Status „immerwährender bewaffneter Neutralität". Diesen Status haben bereits die *Großmächte des Wiener Kongress*[34] 1815 so gewollt und bestätigt und es hat sich bis heute nicht geändert. So entwickelte die Schweiz sich schnell zu dem sicheren Hort für Geld, Gold, Kapital und allerlei Wertgegenstände, die den Ruf dieses Landes auch heute noch ausmacht. Das gilt insbesondere für die Schweizer Währung den Franken. Wann immer in der Welt wirtschaftliche oder kriegerische Krisen toben, flüchtet eine große Menge von Kapital in die Schweiz. Allein dieses kleine Land mit einer Bevölkerung von etwa 8,2 Millionen Einwohnern und einem entsprechenden Bruttosozialprodukt von rund 636 Milliarden Dollar, kann nicht dauerhaft so große Mengen an fremdem Kapital aufnehmen. Der Wechselkurs des Schweizer Franken würde in astronomische Höhen schnellen und damit dem stark exportorientierten Land schweren wirtschaftlichen Schaden zufügen. Vor diesem Hintergrund versucht die Schweizer Nationalbank wiederholt, fremdes Kapital dadurch abzuwehren, indem sie darauf Strafzinsen berechnet und die Anleger somit einen Teil ihres Kapitals verlieren würden. Das alles erklärt aber nicht die von anderen Zentralbanken aktuell betriebene Nullzins- und Negativzinspolitik.

Nach der jüngsten Finanzkrise und der immer noch anhaltenden Staatsschuldenkrise ist Nullzins- und Negativzinspolitik zu einem Instrumentarium der Zentralbanken geworden.

---

[34] Die Großmächte des Wiener Kongress von 1814/15 waren Großbritannien, Russland, Preußen und Österreich-Ungarn. Der Sonderstatus der Schweiz richtete sich damals vor allem gegen Frankreich. Die Vereinigten Staaten von Amerika spielten in diesem Zusammenhang, schon gar nicht als Großmacht, damals eine Rolle.

Über beide Phänomene gibt es in der volkswirtschaftlichen Forschung spätestens seit *John Maynard Keynes*[35] bereits entsprechende Ausführungen. Darin geht es in der theoretischen Erörterung darum, dass bei zu billigem Geld die Wirtschaft an einen Punkt gelangen könnte, an dem sie keine Investitionen mehr tätigen würde, die Wirtschaft insgesamt in eine Deflation verfällt. Unter Umständen gerate die Wirtschaft eben wegen zu großer Mengen an liquidem Geld in eine so genannte Liquiditätsfalle. Danach gäbe es zwar mehr als ausreichend Geld, aber Investitionen würden sich nicht mehr lohnen. In einer solchen Situation müsste der Staat durch groß angelegte Investitionen versuchen, die Wirtschaft wieder anzukurbeln.

Dieser kurze Ausflug in die akademische Welt ist notwendig, um zu verstehen, was aktuell passiert. Bekanntlich bangen vor allem die Amerikaner vor dem Gespenst einer neuen Großen Depression und suchen auch für die Heilung der Folgen aus der Finanzkrise die Lösung in einem ausreichenden Wirtschaftswachstum. Ähnliches gilt auch für Europa.

Das Wachstum soll, nach dem Zusammenbruch des amerikanischen Immobilienmarktes interessanterweise vor allem durch erhöhte Bautätigkeit Industrieinvestitionen und Konsum angekurbelt werden. Allein die misstrauisch gewordenen Banken rücken nicht so leicht neue Kredite für Hausbau und Investitionen heraus, da sie in der Risikobewertung bei der Finanzierung von Investitionsprojekten vorsichtiger geworden sind und von Seiten der Regulierer hohe und teure Eigenkapitalanforderungen für die Risikodeckung gestellt werden.

Auf Seiten der Verbraucher gibt es immer noch eine hohe Anzahl von Arbeitslosen. Viel dramatischer aber ist die Zahl der Arbeitnehmer, die nach der Krise in prekären Einkommenssituationen leben. Schlecht bezahlte Teilzeitjobs, befristete Arbeitsverhältnisse und jederzeit mögliche Entlassung erlauben den Menschen nicht in großen Stil zu konsumieren. Am Ende müsste es also der Staat richten und die Wirtschaft mit groß angelegten öffentlichen Investitionen ankurbeln, etwa so wie es zu Zeiten von Präsident J.D. Roosevelt während der

---

[35] John Maynard Keynes (1883 bis 1943) war ein führender britischer Ökonom des 20. Jahrhunderts. Keynes stammt aus einer typischen Akademikerfamilie in Cambridge, wo er auch den Großteil seines Lebens verbrachte. In der Ökonomie wird der Keynesianismus nach ihm benannt. Keynes wandte sich gegen die Vorstellung völlig frei agierender liberaler Märkte, weil er an die viel beschworenen Kräfte der Selbstregulierung nicht glaubte. Für ihn musste der Staat gezielt in die konjunkturellen Wirtschaftszyklen eingreifen, wenn vor allem das Ziel einer Vollbeschäftigung angestrebt werden sollte. Keynes war auf der berühmten Konferenz von Bretton-Woods der Hauptgegenspieler des Amerikaners Harry White. Keynes lehrte die Bindung an einen Goldstandard vehement ab und vertrat schon früh die Auffassung, sich an einem Modell einer Kunstwährung "Bancor" zu versuchen. Keynes konnte sich in Bretton-Woods zwar nicht durchsetzen, das Modell der Bindung des Dollars an das Gold scheiterte aber auch kläglich

1930er Jahre im Rahmen des New-Deal-Programms gelang. Allein die öffentlichen Kassen sind nicht nur leer, die staatlichen Haushalte sind darüber hinaus auch noch über Generationen verschuldet. Der größte Teil staatlicher Steuereinnahmen wird für die Umverteilung in überaus generöse Sozialsysteme ausgegeben, an deren Status Quo kein Politiker rütteln will. De facto sind die Regierungen fiskalpolitisch handlungsunfähig. Damit überhaupt noch irgend etwas ins Laufen gebracht werden kann, sollen es nun die Zentralbanken mit einer neuen Variante der Geldpolitik richten.

Die Vorstellung ist, wenn Geld nur ausreichend billig und immer billiger würde und die Zentralbanken notfalls immer mehr und mehr Geld in die Märkte pumpten, müsste irgendwann einmal so viel „kritische" Geldmasse vorhanden sein, dass die Konjunktur quasi von alleine zünde und dauerhaft positiv anspringe.

Das böse Beispiel von Japan zeigt jedoch schon seit zwanzig Jahren, dass der Versuch dauerhafter Konjunkturankurbelung weder durch die Instrumente staatlicher Verschuldung, noch durch immer weitere Verbilligung von Geld erreicht wird. Seit zwei Dekaden nun dümpelt die japanische Wirtschaft nur vor sich hin. Das Land hat sich bis zur Oberkante an allen Ersparnissen seiner Bürger verschuldet, doch der erhoffte dauerhafte Aufschwung tritt nicht ein.

In Amerika und Europa versuchen die Zentralbanken nun schon seit geraumer Zeit, mit viel Geld die Wirtschaft zum Wachstum anzuregen. Die Zentralbankzinsen liegen inzwischen bei nahe Null. Doch statt des erhofften Wirtschaftswachstums zeigen sich an anderer Stelle erhebliche unschöne Effekte. Mit einem Nullzins oder gar einem Negativzins für Einlagen bei der Zentralbank ist auch jede Chance auf eine angemessene Verzinsung von Spargeldern gleich Null. Es wurde ja bereits erörtert, welch ungeheuer große Summen von Spargeldern weniger auf den Sparbüchern der Konsumenten, als vielmehr in den Systemen von Sozial- und Kapitalversicherungen, Pensions- und Investmentfonds liegen. Inzwischen ist der Gedanke von jeglicher Form von Garantiezinsen für Kapitallebensversicherungen obsolet geworden. Trotz niedrigster Inflation verlieren Millionen von Geldanlegern jeden Tag an der Kaufkraft ihres Geldes. Die Erhaltung eines Einkommensniveaus für das Alter ist grundsätzlich in Frage gestellt. Es bleibt abzuwarten, ob die Nullzins- und Negativzinspolitik als Instrument der Zentralbanken, in ihrer Anwendung als staatlicher Konjunkturspritzenersatz den gewünschten Erfolg zeitigen wird.

8.8 Quantitative Easing

Im langen dunklen Nachtschatten, den die Finanzkrisen hinterlassen haben, wandelten sich nicht nur die einstmals allenfalls theoretischen Phänomene von Nullzins und Negativzinsen in bewusst angewandte geldpolitische Instrumente von Zentralbanken um. Seit einiger Zeit wird auch noch ein völlig neues Instrument zur Anwendung gebracht, das *Quantitative Easing* (dt. quantitative oder auch monetäre Lockerung).

Auch hier ist das Ziel einer Zentralbank mit dieser Maßnahme, letztlich eine lahmende Wirtschaft durch Senkung der Realzinsen wieder konjunkturell anzukurbeln. Dazu pumpt eine Zentralbank mehr und mehr Geld in eine Volkswirtschaft, indem sie allerlei Wertpapieranleihen aufkauft und der Volkswirtschaft noch mehr liquide Mittel zur Verfügung stellt, um die Realzinsen zu senken. Begonnen wurde mit der Anwendung dieses Instrumentariums durch die Bank of Japan im Jahre 2001. Bislang allerdings, wie bereits erörtert, ohne nennenswerten Erfolg. Nach der Finanzkrise ab 2009 versuchte das Federal Reserve System in der USA, durch verschiedene Quantitative-Easing-Maßnahmen einen Beitrag zur Wirtschaftsstimulierung zu leisten. So auch in Großbritannien. Die Europäische Zentralbank zierte sich zunächst diese Maßnahme anzuwenden. Umso massiver läuft seit März 2015 ein Programm, mit dem Ziel bis zu 1 Billion 100 Milliarden Euro zusätzlich zur Verfügung zu stellen. Es handelt sich um das Ankaufsprogramm von Wertpapieranleihen in Höhe von 60 Milliarden €uro pro Monat, das zur Zeit durch die EZB durchgeführt wird. Welche Auswirkungen dieses Instrument auf die konjunkturelle Entwicklung im Euroraum haben wird, insbesondere da es parallel mit anderen geldpolitischen Instrumenten zur Anwendung kommt, wird sich allerdings erst noch zeigen müssen. Besonders interessant wird es aber ab Herbst 2016, wenn das Programm des EZB ausläuft und die Banken ihre Wertpapiere von der EZB wieder zurück kaufen müssen. Dann nämlich entzieht die EZB dem Markt genau wieder jene Liquidität, die sie ihm jetzt so großzügig zukommen lässt.

8.9 Devisen- und Währungspolitik

All die bisher in Kapitel 8 besprochenen Instrumente und Phänomene haben in dem jeweiligen Währungsgebiet, für das eine Zentralbank die Verantwortung trägt, eher einen binnenwirtschaftlichen Charakter. In Zeiten einer globalen Weltwirtschaft gibt es aber zahllose Wechselwirkungen mit anderen Währungsgebieten, die durchaus starken Einfluss auf die eigene Binnenwirtschaft haben. Sich diesen Herausforderungen zu stellen ist eine der weiteren wichtigen Aufgaben einer modernen Zentralbank. Dabei geht es um die Devisen- und Währungspolitik.

Der Begriff *„Devise"*, ursprünglich wohl aus der französischen Wappenkunde stammend und die Einteilung (franz. „diviser") auf den Wappenfeldern bezeichnend, wurde dann vor allem in Deutschland für die Sortierung von Wechseln nach verschiedenen ausländischen Auszahlungsplätzen benutzt. Wechsel als Finanzinstrument waren im Übrigen im 19. Jahrhundert und lange bis in das 20. Jahrhundert hinein das bevorzugte Instrument Zahlungen auch in Fremder Währung anzuweisen. Davon ausgehend, bezieht sich der Begriff „Devisen" später auf alle sehr liquiden Forderungen in Geschäftsbüchern oder für mobile Zahlungsinstrumente wie Kreditbriefe, Schecks und Reiseschecks. Bargeld in Fremder Währung, werden als „Sorten" bezeichnet. Wenig liquide Forderungen in Fremder Währung, wie etwa Aktien oder längerfristige Schuldverschreibungen, werden nicht zu den Devisen gezählt. Aus dem Deutschen heraus fand dann der Begriff der Devisen wieder Verbreitung in vielen anderen kontinentaleuropäischen Sprachen wie dem Französischen, Spanischen, Polnischen und Niederländischen, nicht aber im Englischen. Das Englische kennt keinen Begriff für Devisen und spricht nur von „foreign currency" (dt. für „Fremde Währung") und von „foreign exchange", was eigentlich nur den Handel mit Fremden Währungen bezeichnet, aber davon wird die englische Abkürzung „Forex" hergeleitet.

8.9.1 Devisen

Einstmals, und so haben wir es hier in den Ausführungen immer wieder gehört, horteten zunächst die Fürsten, dann auch die modernen Staaten vor allem Gold und Silber, um den Wert ihrer eigenen Münzwährungen abzusichern. Zumindest die Idee dahinter hielt sich bis zum Zusammenbruch des Bretton-Woods-Systems tapfer aufrecht. Im Laufe des 20. Jahrhunderts lösten jedoch die Guthaben von Devisenforderungen der Länder die alte Funktion des Goldes als Staatsschatz immer weiter ab. Kein Wunder, sind doch die Devisenreserven eines Landes ein wichtiges Kennzeichen für die

Bewertung des Länderrisikos von Ratingagenturen. Das Rating nimmt Einfluss auf die Verzinsung von Staatsanleihen eines Landes, dass diese für Kreditaufnahmen im Ausland bezahlen muss. Devisenreserven entstehen, wenn die Werte aller Exporte eines Landes die Werte aller Importe in Fremder Währung übersteigen. Wenn Devisenreserven ein Plus in der Außenhandelsbilanz eines Landes sind, wird gerne argumentiert, dass andere Länder durch ein entsprechendes Minus dieses Guthaben finanzieren. Vor allem Deutschland wird gerne vorgeworfen, als „Exportweltmeister" große Guthabenforderungen gegenüber anderen Ländern an zu häufen und jene Länder damit wirtschaftlich zu schwächen. Nüchtern betrachtet stellt sich aber die Liste der Länder mit den größten Währungsreserven per September 2014 in Milliarden US-Dollar wie folgt dar:

1. Japan $ 1.264,4
2. Saudi-Arabien $ 744,9
3. Schweiz $ 530,9
4. Russland $ 454,2
5. Brasilien $ 375,5
6. Südkorea $ 364,4
7. HongKong (China) $ 325,8
8. Indien $ 313,8
9. Singapore $ 266,1
10. Deutschland $ 196,8
11. Mexico $ 193,3
12. Thailand $ 161,6
13. Italien $ 145,5
14. Frankreich $ 145,4
15. Großbritannien $ 138,4
16. USA $ 138,1
17. Türkei $ 131,8
18. Malaysia $ 127,3
19. Indonesien $ 111,2
20. Polen $ 101,7

Es zeigt sich ganz deutlich, Deutschland liegt nur in der Mitte. Das devisenreichste Land Japan verfügt über etwa das 6,4-fache der deutschen Reserven. Vermeintliche Schwellenländer wie Russland, Brasilien und Indien liegen noch weit vor Deutschland. Italien, Frankreich und Großbritannien liegen von Deutschland in dieser Statistik nicht weit entfernt. Die Fakten verbieten also, Deutschland als ein Land mit übergroßen Exportüberschüssen zu diskreditieren. Für den Exporterfolg von Produkten eines Landes gilt ohnehin: Wer Produkte herstellt, die viele andere haben wollen, gleich wie der Preis der Produkte am Weltmarkt ist, wird Exporterfolge erzielen. Wer Produkte herstellt, die nicht breit nachgefragt sind, hat das Nachsehen und sollte überlegen, warum die eigenen Produkte am Weltmarkt nicht bestehen können.

Devisen zu handeln ist in einem System fester Wechselkurse, wie es zuletzt das Abkommen von Bretton-Woods betoniert hat, natürlich weder möglich, noch sinnvoll. Erst nach dem Zusammenbruch dieses unglücklichen Weltwährungssystems 1971 entstanden quasi Übernacht die Devisenmärkte, die die Banken wie selbstverständlich an sich rissen.

Seitdem ist der Handel mit Devisen der weltweit größte Finanzmarkt überhaupt. Eine Börse für Devisen existiert aber nicht. Das Geschäft wird im Interbankenhandel betrieben. Von Anfang an war und ist das Geschäft mit Devisen hoch spekulativ. Eine der ersten großen Bankpleiten aufgrund von Devisengeschäften war im Juni 1974 der des deutschen Privatbankhauses Iwan D. Herstatt in Köln. In Devisen sind allerlei Geschäftsarten möglich, wie sie hier bereits in Kapitel 8.4 beschrieben wurden. Schon allein wegen der enormen Größe der Devisenmärkte, der riesigen Anzahl an Transaktionen und Volumina in Devisen und nicht zuletzt wegen der hohen volkswirtschaftlichen Bedeutung, haben Zentralbanken rund um das Geschehen bei den Devisen wichtige Aufgaben und Weichenstellungen zu verantworten. All das wird unter dem Begriff der Währungspolitik subsumiert.

8.9.2 Währungspolitik

Es gibt vielfältige Motive Währungspolitik zu betreiben und es sind nicht nur die Zentralbanken, die hier Weichenstellungen vornehmen. Auch Regierungen einiger Länder greifen gerne kräftig bei der Währungspolitik zu, wenn es ihnen, neben wirtschaftlichen Gründen, auch mal schon rein politisch opportun erscheint.

Ein einleuchtendes Motiv für eine aktive Währungspolitik ist die Einflussnahme auf den Außenwert einer Währung, also deren Kurs an den Devisenmärkten. Wenn man Waren aus der Produktion eines fremden Währungsgebiets kauft, wird der Preis nicht nur von den reinen Herstellungs-, Transport- und Vertriebskosten des Produkts bestimmt, sondern auch von dem Kursverhältnis, dass eine Binnenwährung gegenüber anderen fremden Währungsgebieten hat. Im Alltag am deutlichsten und schnellsten spürbar ist das regelmäßig beim Benzinpreis. Da alles Öl in Dollar abgerechnet wird, sorgt schon allein ein niedriger Dollarkurs für eine Senkung der Benzinpreise. Umgekehrt kann es dann aber auch sehr schnell wieder nach oben gehen, wenn der Dollar sich gegenüber anderen Währungsgebieten deutlich verteuert. Im globalen Welthandel spielt bei der Preisgestaltung der Währungskurs also eine erhebliche Rolle. Volkswirtschaften, die einen starken

Exportanteil haben, etwa wie China, die Schweiz oder Deutschland, werden daher eher an einem niedrigeren Außenwert ihrer Währung interessiert sein, letztlich um ihre Produkte im Ausland besser verkaufen zu können. Umgekehrt werden Länder mit einem starken Importanteil ihrer Volkswirtschaften versuchen, den Kurs ihrer Währung möglichst hoch zu halten, damit sie ihre Importkosten reduzieren können.

Zur Währungspolitik gehört auch die Frage, ob man die eigene Währung an eine andere bindet. Das Motiv dafür kann das Ziel einer Preisstabilität im eigenen Land sein. Darüber hinaus könnten durch eine Währungsbindung auch die Transaktionskosten gesenkt werden. Es liegt auf der Hand, dass eine solche Politik eher von Volkswirtschaften vorgenommen wird, die man gemeinhin als Entwicklungsländer bezeichnet. Deren Landeswährung mag manchmal zu schwach sein. Dadurch würde die Binnenwirtschaft bei starken Kursschwankungen der Landeswährung zusätzlich geschwächt werden. Die eigenen Produkte wären zu starken Preisschwankungen an den internationalen Märkten ausgesetzt und damit weniger konkurrenzfähig.

Als ein volkswirtschaftlich anzustrebendes Ziel betrachtet man u.a. das Außenwirtschaftliche Gleichgewicht. Die Summen der Importe und der Exporte sollten annähernd ausgewogen sein. Gemessen wird dies im Leistungsbilanzsaldo einer Volkswirtschaft. Defizite im Leistungs- bilanzsaldo müssen durch Auslandsverschuldung finanziert werden. Das bedeutet für die betroffene Volkswirtschaft zwangsläufig wieder höhere Kosten. Hohe Überschüsse zeigen an, dass viel Kapital in einer Volkswirtschaft vorhanden ist, das keine ausreichenden Renditen erwirtschaftet. Das schmälert die Chance auf mögliche Erträge in der Volkswirtschaft. Beide Extreme wirken sich negativ auf die Volks- wirtschaft aus.

Die Chancen, dass Investoren von ausländischem Kapital bereit sind in einem fremden Land zu investieren, sind langfristig umso größer je stabiler die eigene Landeswährung ist. Denn der Währungskurs bedeutet für Investoren ein zusätzliches Risiko. Das haben sie, neben dem allgemeinen Länderrisiko und Kreditrisiko für eine bestimmte Investition ohnehin zu tragen. Stabile Wechselkursverhältnisse sind hier also hilfreich.

Währungspolitik sollte versuchen, die binnenwirtschaftliche Entwicklung eines Landes zu stabilisieren, bestenfalls zu fördern. Es wurde eingangs bereits erwähnt, nicht nur Zentralbanken betreiben Währungspolitik, auch Regierungen bzw. der Gesetzgeber kann das tun. So ist es durchaus vorstellbar, dass ein Gesetzgeber beschließt, die eigene Landeswährung an eine andere Währung oder einen Währungskorb zu binden. So geschehen mit der Kunstwährung *ECU[36]* in Europa. Dort hatten sich vor der Einführung des €uro eine Reihe von Europäischen Ländern zusammengeschlossen. Sie führten eine bestimmte Parität ihrer Landeswährung zur Recheneinheit ECU ein. Das geschah nicht mit einem starren Wechselkurs, sondern flexibel in einer bestimmten Kursbandbreite. Erst wenn der Kurs der eigenen Währung aus dem Rahmen der Bandbreite heraus zu fallen drohte, begannen die Zentralbanken der ECU-Länder, durch Deviseninterventionen an den Märkten, die betroffene Währung wieder zurück in den vereinbarten Kurskorridor zu bringen. Es kam vor, dass sich die Fundamentaldaten einer Volkswirtschaft so grundsätzlich geändert hatten, dass die Einhaltung der vereinbarten Bandbreite nicht mehr dauerhaft zu gewährleisten war. Dann konnten die Regierungen der ECU-Länder per Beschluss vereinbaren, die Währungen im ECU auf- oder abzuwerten, bzw. neue Bandbreiten festzulegen. Dieses System, das von 1979 bis 1998 existierte, war in seiner Zeit sehr erfolgreich. Es verringerte starke Schwankungen von Währungskursen wirksam. Gleichzeitig ließ es genug Spielraum, die Landeswährungen des ECU entsprechend der volkswirtschaftlichen Entwicklung der einzelnen Mitgliedsländer anzupassen. Es sollte nicht unerwähnt bleiben, dass im ECU sowohl das Britische Pfund als auch die Dänische Krone Teil des Währungskorbs waren, beide Währungen aber heute nicht mehr am €uro teilnehmen.

Die härtesten politischen Maßnahmen, die eine Regierung treffen kann, sind Devisen- und Kapitalverkehrskontrollen und die Festlegung von Kursparitäten. Zuletzt wurden in Europa in Griechenland Kapital-verkehrskontrollen eingeführt, als das Land im Sommer 2015 de facto aber nicht de jure bankrott wurde. Sinn solch strenger Maßnahmen ist es, zu starke Abflüsse von Kapital aus dem eigenen Land zu verhindern. Dann werden die einzelnen Transaktionen von behördlichen Genehmigungen abhängig gemacht. Ziel solch drastischer Maßnahmen, ist meistens die Stabilisierung des Wechselkurses der eigenen Währung, oder der Versuch einen Zahlungsbilanzausgleich des eigenen Landes herzustellen und natürlich sich gegen Währungsspekulationen zu wehren. Auf Dauer wirken solche Maßnahmen allerdings eher kontraproduktiv, weil sie besonders bei einer schwächelnden oder unterentwickelten Wirtschaft die dringend benötigte Kapitalzufuhr verteuert oder schlimmstenfalls versiegen lässt.

---

[36] ECU (engl. „European Currency unit", dt. sehr technisch ausgedrückt „Europäische Währungseinheit"). Man fragt sich, warum die durchaus charmant klingende Bezeichnung ECU (ausgesprochen „/eˈkyː/") später nicht auch für die Europäische Währung herangezogen wurde. Da aber bereits im Mittelalter eine bestimmte französische Münze als Ècu bezeichnet wurde, wollten einige Politiker um keinen Preis eine Bezeichnungsableitung von einem bestimmten Land akzeptieren. So bekam, auf Vorschlag des bayrischstämmigen ehemaligen Bundesfinanzministers Theodor Waigel, die Währung Europas den eher scheußlich technokratisch klingenden Namen €uro.

Eine der strengsten gesetzlichen Kontrollen existierte übrigens zwischen der Bundesrepublik Deutschland (BRD) und der Deutschen Demokratischen Republik (DDR *1949 †1990). Keine einzige Mark-West dürfte ohne Einzelgenehmigung durch die Deutsche Bundesbank in eine Mark-Ost oder umgekehrt getauscht werden.

Zuletzt können sogar fremde Regierungen Devisen- und Kapitalverkehrskontrollen im Rahmen von internationalen Sanktionen gegen ein Land durchsetzen. Das beginnt mit dem Einfrieren von Guthaben des betroffenen Landes im Ausland. Es steigert sich zu einem Verbot von wirtschaftlichen Transaktionen mit dem entsprechenden Land. Es gipfelt in der Androhung von Sanktionen und Strafen gegenüber denjenigen Personen und Ländern, die sich nicht an solche Maßnahmen halten. Besonders beliebt sind Sanktionen aller Art als politische Vorgehensweise durch die Vereinigten Staaten von Amerika. Bekannte Beispiele sind das Embargo der Vereinigten Staaten von Amerika gegen Kuba seit 1959 und die Verhängung von Sanktionen gegen den Iran seit 1979.

Zentralbanken haben auch Möglichkeiten Währungspolitik zu betreiben. Die Instrumente dazu sind allerdings wesentlich weicher. In Frage kommt etwa die Zinspolitik einer Zentralbank, die ohnehin immer eine indirekte Auswirkung auf Währungen hat. So würde eine Erhöhung der Leitzinsen tendenziell die Binnenwährung aufwerten, umgekehrt eine Leitzinssenkung die Binnenwährung abwerten. Freilich steht eine Zentralbank nicht allein in der Welt da. Nur wenn die Beschlüsse anderer Zentralbanken die gleiche Tendenz haben, werden sich entsprechende Auf- oder Abwertungseffekte einstellen. Ansonsten können gegenläufige Zinsbeschlüsse von Zentralbanken Währungseffekte kompensieren. Gerade auf diesem Gebiet, stimmen sich heute aber die Zentralbanken der wesentlichen Länder untereinander eher ab. Die *Devisenmarktintervention* ist ein direkter Eingriff einer Zentralbank in die Währungspolitik. Die Zentralbank tritt dabei als Käufer oder Verkäufer an den Devisenmärkten auf, um den Kurs einer Landeswährung zu beeinflussen. Die Munition für einen solchen Eingriff sind die Devisenreserven des Landes. Insofern sind direkten Devisenmarktinterventionen bestimmte Grenzen gesetzt. Die Europäische Zentralbank steht allerdings vor dem Problem, dass sie nicht die Währung eines Landes, sondern eines Staatenbunds zu verteidigen hat. Daher muss die EZB viel mehr als andere Zentralbanken ganz unterschiedliche wirtschaftliche Entwicklungen innerhalb des Staatenbundes bei ihren Entscheidungen berücksichtigen. Das setzt mehr noch als in anderen Ländern die Fähigkeit zur Erstellung und Auswertung volkswirtschaftlicher Statistiken und Analysen voraus, die von einem entsprechend qualifizierten wissenschaftlichen Stab erbracht werden müssen.

8.10 Wissenschaftliche Voraussetzungen — Volkswirtschaftliche Analysen und Statistiken — Politische Rahmenbedingungen

Zentralbanken treffen heute in der Regel ihre Entscheidungen nicht mehr aus dem Bauch heraus, nach ideologischen Dogmen oder regierungspolitischer Opportunität. In der Anfangszeit moderner Zentralbanken, vor allem in der ersten Hälfte des 20. Jahrhunderts, gab es dafür allerdings eine Reihe von negativen Beispielen. So wurde hier bereits auf das Versagen des amerikanischen Federal Reserve System im Zusammenhang mit dem großen Börsencrash von 1929 hingewiesen. Das ist sicher ein Beispiel dafür, Entscheidungen nach ideologischen Dogmen zu treffen.

Parallel gab die deutsche Reichsbank, vor allem unter der Leitung des legendären Reichsbankpräsidenten Hjalmar Schacht, ein negatives Beispiel regierungspolitischer Opportunität ab. Insbesondere nachdem die Nazis in Deutschland die Herrschaft übernommen hatten, galt ihnen Schacht als der Finanzexperte, der den Nazis für ihre Unternehmungen die nötigen Finanz-mittel beschaffte.

Abbildung 11
Hjalmar Schacht Reichsbankpräsident
von 1923 bis 1930 und 1933 bis 1939

In Frankreich fließen seit der Herrschaft des absolutistischen Königs Ludwig XIV., von kurzen Unterbrechungen abgesehen, alle Entscheidung beim obersten Repräsentanten des Landes zusammen. Daran haben auch die insgesamt fünf republikanischen Verfassungen der Franzosen nichts geändert. Im Gegenteil, die heute gültige Verfassung der 5. Republik verhilft dem Staatspräsidenten von Frankreich zu einer Machtfülle, wie sie selbst der Monarch Ludwig XIV. zum Teil nicht hatte. Das galt lange auch für Grundzüge der Handlungsweisen der Banque de France. Erst mit Einführung des €uro ist der französischen Politik die direkte Einflussnahme auf die Entscheidungen der Zentralbank verloren gegangen.

Starken politischen Einfluss auf die direkten Entscheidungen ihrer Zentralbank kann man mit Sicherheit, aber ohne letzten Beweis, für die Bank of China aber auch für die Bank of Japan (Nippon Ginko) annehmen.

Erst nach dem Zweiten Weltkrieg setzte sich die Erkenntnis durch, dass eine Zentralbank am besten dann ihren Aufgaben nachkommen wird, wenn sie von jeglicher Weisung völlig unabhängig agieren kann. Am konsequentesten wurde das dann bei der Deutschen Bundesbank umgesetzt, die schließlich zum Vorbild vieler anderer Zentralbanken und letztlich auch der Europäischen Zentralbank wurde.

In diesen modernen Zentralbanken stützen die Verantwortlichen ihre Entscheidungen nicht mehr auf Wünsche und Winke Dritter, sondern bestenfalls nur noch auf harte Fakten. Doch verlassen sich die Zentralbanken bei der Faktensammlung weder auf staatliche Statistikbehörden, noch auf privatwirtschaftliche Forschungsinstitute. Vielmehr haben die Zentralbanken konsequenterweise damit begonnen sich selbst Quellen für statistisches Zahlenmaterial und wissenschaftliche Kompetenz bei der ökonomischen Analyse zu schaffen. Heute arbeiten in den Zentralbanken hoch qualifizierte Mathematiker, Statistiker und Ökonomen. Deren Analysen tragen wesentlich zum Verständnis der immer komplexer werdenden wirtschaftlichen und finanziellen Vorgänge bei.

Dennoch, trotz aller eigenständigen Kompetenzen, Zentralbanken können nur innerhalb der Rahmenbedingungen agieren, die Politiker eines Landes oder Staatenbundes vorgeben. Schon gar nicht können sie irgendeine Art von Fiskalpolitik betreiben. Darüber hinaus müssen sie die Aktionen anderer Volkswirtschaften bei ihren Entscheidungen berücksichtigen. Ein komplexes Umfeld in dem man nie Allen gerecht werden kann.

9 Aufsicht der Finanzwirtschaft durch Zentralbanken

Mit der Entwicklung des Bankenwesens war in der Anfangsphase keineswegs der Gedanke an eine öffentliche Aufsicht verbunden. Banken, die zunächst ausschließlich im Besitz von Privatpersonen und Familien waren, erhielten, als Erlaubnis ihr Geschäft zu betreiben, in der Regel eine fürstliche Konzession. Das ging oft damit einher, dass die Fürsten selbst in irgendeiner Weise von den Geschäften dieser Banken profitierten. Eine fürstliche Konzession zum Betrieb einer Bank war fast so gut, wie die Lizenz zum Drucken von Geld in der Hand zu haben. Prinzipiell konnte man als Bankier kaum einen Fehler machen. Das frühe Geschäft mit Staatsanleihen und sonstigem Wertpapierhandel garantierte saftige Provisionen, fristengerechte Hereinnahme von Depositen und Herauslegung von Krediten sicherten eine gute Verdienstmarge. Um eine Bank zu ruinieren, musste man schon entweder ein ausgemachter Depp oder ein alles riskierender Zocker sein. Leider kamen beide Formen des Versagens im privaten Bankgewerbe nur allzu häufig vor. Wirklich bedrohlich für die frühen Banken wurde es, wenn sie in Fällen von Kriegen buchstäblich auf den falschen Fürsten gesetzt hatten und quasi mit ihm untergingen. Die mannigfaltigen Beziehungen zwischen dem Fürstenhaus der Habsburger und dem Handelshaus der Fugger sind beredtes Zeugnis für solche Verbindungen.

In den jungen Vereinigten Staaten von Amerika, dem wirklich ersten modernen Staatswesen in der Welt, lag die Sache von Anfang an anders. Hier konnte kein Fürst eine Konzession erteilen. Im Gegenteil, bis heute ist eine der Grundfesten der amerikanischen Wirtschaft die Idee des freien, unbehinderten und nicht regulierten Unternehmertums. Dennoch wurde in den Einzelstaaten, wenngleich auch unter unterschiedlichen Gesetzgebungen, Wert darauf gelegt, vor allem der Monopolisierung im Finanzwesen entgegen zu wirken. Früh wurden in den USA Banken auch dazu verpflichtet, erste Berichte und Meldungen, etwa über die Bedingungen ihrer Bankgeschäfte, an Behörden abzuliefern. Aber erst in der so genannten Zeit der National Banks (ca. 1863 bis 1913) gestand man den Regulatoren auch zu, besonders riskante Banken zwangsweise zu schließen.

Es ist für die Geschichte einer Finanzaufsicht bezeichnend, dass die Politik immer nur dann gesetzgeberisch im Sinne von Bankenaufsicht tätig wurde, wenn es im Finanzwesen eines Landes vorher zu einer größeren wirtschaftlichen Krise aufgrund von Fehlverhalten von Finanzinstituten gekommen war. So folgten in den USA strengere Regularien etwa auf die Paniken von 1837 und 1839 sowie einer großen Krise von 1907, die im Übrigen der Auslöser für die Schaffung des amerikanischen Zentralbanksystems Federal Reserve System wurde.

Neben diesen Entwicklungen begannen sich ab Mitte des 19. Jahrhunderts nationale Papiergeldwährungen als alleinige gesetzliche Zahlungsmittel durchzusetzen. Damit einher ging ein Anstieg des Einlagengeschäfts, der so genannten Depositen. Schnell wurde es mehr und mehr notwendig, Depositen zumindest teilweise gegen einen Totalverlust abzusichern, für den Fall, dass eine Bank in den Ruin ging. Nichtsdestotrotz haben die Banken selbst von Anfang an jede Form von Aufsicht und Regulierung als lästig empfunden — ja sogar aktiv bekämpft. Jedes Mal, wenn die Schrauben der Regulierung durch die Aufsicht stärker angezogen wurden, argumentierten d e Banken mit den hohen Kosten, die ihner durch eine Beaufsichticung aufgebürdet würden. Das war in den Anfängen der Bankenaufsicht so und ist es heute, nach der letzten großen Finanzkrise, mehr denn je.

In Deutschland entstand eine Bankenaufsicht im modernen Sinn erst nach der Bankenkrise von 1931. Nach der Unterbrechung durch die Auswirkungen der Naziherrschaft und des Zweiten Weltkrieges konnten die Vorschriften des Kreditwesengesetzes erst richtig zum Tragen kommen. Danach unterliegen Finanzinstitute der Aufsicht einer Bundesbehörde. Deren Ziele sollen sein, Missständen im Finanzwesen entgegenzuwirken. Die Aufsicht soll sich um den Schutz der den Banken anvertrauten Vermögensgegenständen (Depositen) kümmern, eine ordentliche Durchführung des Bankgeschäfts gewährleisten und gesamtwirtschaftlichen Schaden abwenden. Genau diese letzte Aufgabe war in den USA die früheste Einsicht in die Etablierung einer Finanzaufsicht. Man erkannte, dass bei großen Finanzkrisen der gesamtwirtschaftliche Schaden mehr wiegt als die Kosten der Einschränkungen n das Geschäftemachen einzelner Banken.

Als staatliche Behörde tendierten Aufsichtsämter stets dazu, einen Schwerpunkt in cie juristischen Aspekte ihrer Aufgaben zu legen. So dominierten lange Zeit dern auch Juristen die Arbeit der Finanzaufsicht. Die typische Methodik juristischer Vorgehensweisen ist die Prüfung gegebener Sachverhalte auf die Übereinstimmung mit vorhandenen Vorschriften. So mutierten Finanzaufsichten schnell zu Formularabhakern. Formal kann eine Aufsicht damit eine Einhaltung oder eine Verletzung von Gesetzen und Vorschriften feststellen. Der kaufmännischen Kreativität, in der Entwicklung von Geschäftsmodellen, Finanzprodukten und legalen Umgehungen vorhandener Regularien haben die Aufsichtsbehörden allerdings in der Rege nichts entgegenzusetzen.

Aus diesem Mangel an Fachkompetenz heraus, fanden immer wieder Überlegungen statt, die Aufsicht über das Finanzwesen dort anzusiedeln, wo man die beste Fachkompetenz vermutete, bei den

Zentralbanken! Doch die Kompetenzverteilung dazu ist schwankend, zerfasert (auch: „historisch gewachsen"), nicht stringent und inkonsequent. In Großbritannien zum Beispiel wird je nach Krise und politischer Opportunität die Finanzaufsicht mal auf eine oder mehrere Behörden verteilt, mal liegt sie mehr oder weniger in der Hand der Bank of England. In Japan sind Aufsicht und Zentralbank strikt voneinander getrennt. In den USA gibt es eine Vielzahl von Behörden, die mit der Finanzaufsicht beschäftigt sind. Manche davon konkurrieren untereinander. So hat niemand dort einen Gesamtüberblick. Nationale Aufsichtsbehörden versuchen, die Interessen nationaler Banken gegenüber ausländischen Finanzinstituten zu schützen. Dieses Gluckenverhalten der nationalen Aufsicht nutzen global agierende Banken gnadenlos aus, ihre Strukturen so anzulegen, dass sie möglichst den geringsten Aufsichtsanforderungen unterliegen. Das wird als *Aufsichtsarbitrage* bezeichnet. Erst die jüngste Finanzkrise von 2007 bis 2010 hat auf internationalem Parkett wage zu Absichtserklärungen einer weltweit gemeinsamen Kontrolle des Finanzwesens geführt. Doch ist von den starken Worten diverser *G-20 und G-10 und G-7 oder 8*[37] Gipfel in der Praxis bislang wenig übrig geblieben. Nachdem der Glamour solcher Gipfeltreffen schnell wieder verblasst ist, betreiben die Befürworter nationaler Interessen im Hintergrund wieder ihre kontraglobalen Strategien.

Einzig in Basel ist seit mehr als achtzig Jahren eine Institution tätig, die ganz im Stillen zielgerichtet Rahmenwerke für die Bankenaufsicht und vor allem für die Anforderungen an die Kapitalausstattung der Banken erarbeitet und durchgesetzt hat. Es ist die *Bank für Internationalen Zahlungsausgleich BIZ (engl. Bank for International Settlements BIS)*. Ursprünglich für die Abwicklung deutscher Kriegsentschädigungen an die alliierten Sieger gegründet, entwickelte sich diese Einrichtung inoffiziell zu einer Art Bank der Zentralbanken. Auf jeden Fall ist sie eine Plattform, auf der die Zentralbanken der Welt losgelöst von aller nationalen Politik miteinander kommunizieren. Die BIZ wird teils als „think tank", teils als „lender of last resort" der Zentralbanken genutzt. Im Laufe der letzten Jahrzehnte entstanden die sich weiter fort entwickelnden Vorschriften zur Kapitalausstattung und Kontrolle der Banken. Diese Vorschriften sind bekannt unter den Begriffen *Basel I, Basel II* und *Basel III*. Das alles

---

[37] Ob G-20, G-10, G-7 oder G-8, das „G" steht für das engl. Wort „group" (dt. „Gruppe") und wird dann als Group of 20, Group of 10 usw. ausgesprochen. Es handelt sich um institutionalisierte Gesprächsgruppen von Staaten auf verschiedenen Regierungsebenen. Die Zahlen sollen ein Hinweis auf die Anzahl der teilnehmenden Länder sein. Das ist aber nicht immer zutreffend. So hockt bei verschiedenen Gruppen neben den einzelnen Vertretern bestimmter Länder heute oft auch noch ein Vertreter der Europäischen Union mit am Tisch. Wichtiger als die genaue Zahl der Teilnehmer ist eher die Zusammensetzung der unterschiedlichen Interessengruppen.

findet unter der *Ägide*[38] der Zentralbanken statt und impliziert tatsächlich, dass Zentralbanken in Aufsichtsfragen eine höhere Kompetenz haben müssten.

In einem Europa des €uro hat man es nach der letzten Finanzkrise als Mangel betrachtet, dass es zwar ein Währungsgebiet mit einer einheitlichen Währung gibt, aber keine gemeinsame Finanzaufsicht. Vor diesem Hintergrund hat sich die europäische Politik dazu durchgerungen, in der Europäischen Zentralbank eine europaweite gemeinsame Finanzaufsichtsinstitution zu etablieren. Typisch wie das in Europa nun mal so ist, sollten deswegen allerdings die vorhandenen nationalen Aufsichtsstrukturen keineswegs verkleinert oder gar abgeschafft werden. In Europa werden vorhandene Behörden nie abgeschafft, sondern immer nur neue supranationale Behörden oben drauf gepfropft. So wurden die Zuständigkeiten neu aufgeteilt. Während die EZB für einige Dutzende sehr große Banken direkt zuständig ist, fallen kleinere oder nur national oder lokal operierende Finanzinstitute allein in den Bereich der nationalen Aufsichtsbehörden. Von Anfang an ist die Ansiedlung einer supranationalen Finanzaufsicht bei der EZB in Politik, Wirtschaft und Wissenschaft umstritten. Man kritisiert vor allem die Gefahr eines Interessenkonfliktes im obersten Entscheidungs-gremium der EZB dem Governing Council. Es wird unterstellt, dass Konfliktsituationen eintreten können, bei denen die Erfordernisse der Geldpolitik und die der Aufsichtspolitik miteinander kollidieren könnten. Das war und ist für die Finanzaufsicht durch Zentralbanken in anderen Ländern nie ein großes Thema. Es bleibt abzuwarten, ob aufgrund der besonderen Konstellation in Europa tatsächlich ein Problem entstehen wird. Die Strukturen der Bankenaufsicht durch die EZB, aktiv erst seit Herbst 2014, sind einfach viel zu jung, als dass sich hier bereits Tendenzen abzeichnen könnten. In jedem Fall wird es im Laufe der Zeit für die Aufsichtsarbeit zu einer Vereinheitlichung von Terminologie, Interpretation und Methodik kommen, was allein schon für Europa einen Fortschritt bedeutet.

Die Finanzaufsicht durch Zentralbanken ist sicherlich nicht die letzte Antwort auf alle Fragen einer Branche, die sich extrem schnell weiterentwickelt und bereits jetzt am meisten losgelöst von nationalen Fesseln agieren kann.

---

[38] Ägide von griechisch „Aigis" für Schild des Zeus. Es bezeichnet das Schutzverhältnis, welches eine obere Instanz gegenüber einer nachgeordneten Institution ausübt.

10 Zentralbanken im Zentrum einer entfesselten Finanzwelt

10.1 Bürokratische Bankgeschäfte

Noch in den 1970er Jahren beruflich im Bankgeschäft Fuß zu fassen bedeutete allgemein, sich in einen sicheren Hafen für die Zukunft begeben zu haben. Machte man keine groben Fehler, so war einem eine Anstellung auf Lebenszeit gewiss. In manchen Finanzsektoren sprach man sogar eher noch von einem Bankbeamten als von einem Bankangestellten. In kleineren Ortschaften gehörte neben dem Bürgermeister, dem Richter, dem Notar und dem Arzt der Bankdirektor automatisch zu den Honoratioren am Ort. Eine Bankausbildung erfolgreich zu absolvieren bedeutete vor allem, ein einziges, knapp 600 Seiten dickes Lehrbuch gründlich durchzuarbeiten. Dann hatte man die wichtigsten Erkenntnisse darüber, wie ein Bankbetrieb funktioniert, erfasst. Daneben reichten rudimentäre Kenntnisse im Zivilrecht und für volkswirtschaftliche Zusammenhänge, ein gewisses Talent für kaufmännisches Rechnen und kaufmännische Buchhaltung aus. Gutes Benehmen, konservativ ordentliche Kleidung und ein bisschen Charme begünstigten den Umgang mit jeder Art von Kunden. Die Organisationsstrukturen der Banken glichen denen des öffentlichen Dienstes fast haargenau. Die vertikale Hierarchie und die Titulatur waren dem öffentlichen Dienst auch nicht unähnlich, wenngleich natürlich kaufmännisch geprägt. Generaldirektoren, Generalbevoll-mächtigte, Direktoren, stellvertretende Direktoren, Filialdirektoren, Abteilungsdirektoren, Prokuristen und Handlungsbevollmächtigte der Stufen A und B bildeten unterhalb der Geschäftsführungsebene fein gegliederte Bereiche ab, auf denen sich so mancher Vorgesetzte, ähnlich wie beim Militär, für seine Mannschaft gerne auch mal als Feldherr fühlen konnte. Die Arbeitszeiten waren geradezu bürokratisch angenehm. Nur montags bis freitags von acht bis siebzehn Uhr, dazwischen eine ausgiebige Zeit für die Mittagspause. Nur an Monatsenden (Ultimo) und vor allem am Jahresende (Jahresultimo) konnte es für Bankmitarbeiter ungemütlich werden. Da mussten alle Geschäfte abgearbeitet und alle Bücher möglichst vor Mitternacht aktualisiert sein. Das konnte im Einzelfall schon mal den Silvesterabend und die Neujahrsfeier verderben. Seit dem Zeitalter ewig störungsanfälliger Computersysteme hat sich daran allerdings nichts verbessert. Die Bezahlung war zwar im Berufseinstieg, gemessen an vergleichbaren Aufgaben und Qualifikationen in der Industrie, nicht so hoch, dafür waren aber, zumindest nach Jahrzehnten der Beschäftigung im Bankgewerbe, die Pensionen mehr als üppig. Mit anderen Worten, als Bankkaufmann war man ein gut situierter Spießer.

10.2 Big Bang und die Folgen

Das änderte sich ab dem 27. Oktober 1986. Eine ehemalige Schullehrerin in der Funktion als britische Premierministerin, eine gewisse Margaret Thatcher, hatte in Großbritannien und am Finanzplatz London eine Deregulierung der Finanzmärkte durchgesetzt. Diese Maßnahme folgte als Antwort auf verschiedene Deregulierungen der amerikanischen Finanzmärkte, vornehmlich am Platz New York, durch die Administration des gerne Star Wars spielenden Präsidenten Ronald Reagan. Beide Regierungschefs waren glühende Anhänger des wirtschaftlichen *Neoliberalismus*. Darunter versteht man eine weitestgehend freie Entwicklung der Wirtschaft, ohne strenge staatliche Kontrollen und mit dem festen Glauben an die Selbstregulierungskräfte der Märkte. In England sah man durch die Liberalisierung der amerikanischen Finanzmärkte die Vormachtstellung des Finanzplatzes London in Gefahr. Nicht nur um wieder mit Amerika wettbewerbsfähig zu sein, auch um dem eigenen Finanzplatz einen gewissen Vorteil zu sichern, liberalisierte man in Großbritannien die Finanzmärkte gleich ein bisschen mehr, als es die Amerikaner bis dahin zugelassen hatten. Schon im Vorfeld der Deregulierung hatte sich die britische Finanzindustrie auf die neuen Freiheiten gut vorbereitet. Man wartete nur auf den Startschuss der gesetzlichen Legitimierung. Ab Herbst 1986 waren in London sofort Geschäfte möglich, die in Kontinentaleuropa schlicht verboten waren. Vor allem das Abschließen von Wettgeschäften aller Art, ohnehin eine mächtige Tradition in der britischen Volksseele, wurde erlaubt, und der Handel mit diesen Geschäften organisiert möglich. Es war die Geburtsstunde der Derivate. Optionen, SWAPS, Futures u.v.m. überschwemmten die Welt mit neuen Möglichkeiten Finanzgeschäfte zu tätigen

Zunächst interessierte diese Entwicklung in Kontinentaleuropa kaum jemand. Schon gar nicht die Politik. In Deutschland war zu dieser Zeit die Deutsche Bundesbank auf dem Höhepunkt ihrer Macht angelangt. Wenn jeden zweiten Donnerstag der Zentralbankrat in Frankfurt am Main zusammentrat und seine geldpolitischen Entscheidungen beriet, zitterten alle anderen Börsen in Europa. Durch die Verbundenheit im Währungskorb ECU, gab die Deutsche Bundesbank mit ihren Zins- und Wechselkursentscheidungen selbst den Briten die geld- und währungspolitische Richtung vor. In Paris, Rom, Wien, Kopenhagen und Amsterdam hatte man nichts anderes zu tun, als sich den Weisheiten aus Frankfurt anzupassen. Dennoch erzeugte der liberalisierte Finanzmarkt in London hohen Wettbewerbsdruck auf die kontinentalen Finanzplätze. Um deren Position zu retten, verabschiedete man in Deutschland sieben Jahre nach dem Big Bang in London ein erstes Finanzmarktförderungsgesetz. Damit trat die Liberalisierung nun auch in Deutschland ein.

Zentralbanken -Sklaven oder Heren?-

Zwei Jahre später löste der Bankrott der Barings Bank 1995, bis dahin einer der schlimmsten Bankzusammenbrüche nach dem Zweiten Weltkrieg, keineswegs etwa eine Welle der Reregulierung aus. Im Gegenteil, es wurden innovative Schritte unternommen, um mit den gewachsenen Herausforderungen Schritt halten zu können. In Deutschland wurden die Mindestanforderungen an das Betreiben von Handelsgeschäften (MaH, später MaRisk) in Kraft gesetzt. Diese durchdrangen Organisationsstrukturen der Banken vom Vorstand hinunter bis zum Sachbearbeiter. In den Forschungsabteilungen der Zentralbanken entstand erstmals das Bild von einem Szenario, welches man als *„systemic risk"* bezeichnete. Die Frage stand im Raum, was passiert, wenn nicht nur eine oder wenige Banken zusammenbrechen, sondern gleich das ganze weltweite System betroffen ist. Man bediente sich des medizinischen Vokabulars und sprach von einer Verseuchung (engl. *„contagion"*). Erst im Nachhinein hatte man durch Forschung erkannt, wie nah die globale Finanzwelt durch den Zusammenbruch der Barings Bank am Rande einer weltweiten Katastrophe gestanden hatte.

Trotz aller Bedenken herrschte in den Banken der westlichen Welt große Aufbruchsstimmung. Der neue Spielplatz hieß Investmentbanking. Darunter werden alle Geschäftsarten zusammengefasst, die irgendwie im weitesten Sinn etwas mit dem Handel von Finanzprodukten zu haben. Nicht nur der Handel mit Geld und Devisen, Staats- und Firmenanleihen, Aktien und Fonds wird betrieben. Aus allen diesen Basiswerten lassen sich auch noch derivate Produkte ableiten und die lassen sich wiederum hervorragend in nie vorher da gewesenen Größenordnungen handeln. Unter dem Begriff *Mergers & Acquisitions*[39] (dt. etwa Firmenzusammschlüsse & Firmenaufkäufe) arbeiten ganze Stabsabteilungen in Banken daran, viel Geld damit zu verdienen, zusammenzubringen was aber nicht unbedingt zusammengehört. Ein abschreckendes Beispiel dafür war das Verhökern des einstmals so ehrwürdigen deutschen Stahlkonzerns Mannesmann. Der produzierte inzwischen keine nahtlosen Stahlröhren mehr, sondern war von seinem Management in einen Telefonanbieter (D2) umgewandelt worden. Der Aufkauf von Mannesmann durch die britische Telefongesellschaft Vodafone zeigte, vor allem in den diversen gerichtlichen Nachspielen, wie unerbittlich jeder Beteiligte nur daran interessiert war, einen gewaltigen Profit in die eigene Tasche zu wirtschaften.

Aus dem spießigen Bankkaufmann wurde nun der hippe Investment-banker. Der hatte, günstige Aufgabe in einer Handelsabteilung

---

[39] Nach der letzten Finanzkrise ist die Anzahl spektakulärer Firmenzusammenschlüsse und gewaltiger Börsengänge rapide zurück gegangen. Das liegt nicht zuletzt daran, dass sich viele große Investmentbanken aus diesem Geschäft inzwischen zurückgezogen haben. Vor diesem Hintergrund ist es durchaus berechtigt die Frage zu stellen, ob so manche Firmenfusionen zu allererst für die Unternehmen oder für die Investmentbanken Sinn gemacht haben, die diese Geschäfte betrieben.

vorausgesetzt, auf einmal die Chance, Jahr für Jahr neben einem bescheidenen Grundgehalt einen sechs-, sieben,- oder gar achtstelligen Bonus an Vergütungen einzustreichen. Die täglich erscheinende Fachzeitung Financial Times richtete extra ein Magazin ein, aus dem die millionenschweren Jungs in den Handelsabteilungen eine Anleitung zum Konsumieren ihrer weitestgehend unverdienten Boni bekamen. Vielsagender Magazintitel *„How to spend it"* (dt. etwa: „Wie man es zum Fenster hinauswerfen kann"). Um eine solche Laufbahn einzuschlagen, reichte eine herkömmliche Bankausbildung auf einmal nicht mehr aus. Ein betriebswirtschaftliches Studium musste her. Die Zeiten, wo zur Kenntnisschöpfung ein 600-Seiten-Buch ausreichte, waren vorbei. Heute füllen viele Regalmeter Fachliteratur und dutzendweise Ordner mit eigenen Aufzeichnungen den Bestand an Wissen, welches man sich aneignen muss. Statt kaufmännischem Rechnen ist jetzt Finanzmathematik gefragt. Neben einem Grundstudium in Betriebs- und Volkswirtschaft gilt es, sich intensiv mit Jura zu beschäftigen und alle Spielarten des Bankbetriebs, allerdings nur in der Theorie, genau zu beherrschen. Das alles möglichst nur in Englisch, einer Fremdsprache die noch in den 1970er Jahren in den Banken nur eine elitäre Minderheit von mit dem Auslandsgeschäft beschäftigten Leuten beherrschte. Die schlafwandlerische Fähigkeit auf allerlei Computersystemen so virtuos herum klimpern zu können, so wie einst *Van Cliburn*[40] in Moskau den KPdSU-Generalsekretär Chruschtschow desauvierte, wird der neuen Generation von Bankern quasi mit der Muttermilch verabreicht.

10.3 Aus einer lokalen Immobilienkrise wird eine Weltkrise

Inzwischen regierte in den USA der junge Präsident Bill Clinton. Dessen Vorgänger Ronald Reagan und George W. Bush sen. hatten den USA eine bis dahin unfassbar hohe Staatsverschuldung und ein hohes Budgetdefizit hinterlassen. Der eine, Ronald Reagan, mit einer in Friedenszeiten unglaublichen militärischen Aufrüstung und seinen ständigen Star-Wars-Spielchen, der andere, George W. Bush, war etwas unglücklich in den ersten Golfkrieg angeblich zur Befreiung Kuwaits von der irakischen Besatzung gestolpert. Dem Dauercharmeur Clinton gelang es jedenfalls, durch Steuererhöhungen das Budgetdefizit zu beseitigen und sich auch erfolgreich an die Reduzierung der Staatsschulden zu machen. In diesem wirtschaftlich günstigen Umfeld begann die Clinton-Administration gegen Ende der 1990er Jahre, Wohlstand für alle zu propagieren. Sichtbarstes Zeichen dieses

---

[40] Van Kliburn, eigentlich Harvey Lavan Cliburn, geb. 1934 im US-Bundesstaat Louisiana, war ein Amerikanischer Pianist und galt als Wunderkind. 1958 wurde in Moskau zum ersten Mal der internationale Tschaikowski-Wettbewerb ausgetragen, der dort nur alle vier Jahre stattfindet. Mitten im Kalten Krieg zwischen den USA und der Sowjetunion gewann, bei Anwesenheit des damaligen obersten Kommunistenführers Nikita Chruschtschow, der nur 23 jährige Amerikaner Van Cliburn triumphal den Wettbewerb mit Tschaikowskis Erstem Klavierkonzert.

Wohlstands sollte sein, dass Jedermann in die Lage versetzt werden sollte, sich ein eigenes Haus kaufen zu können. Um dieses Ziel zu erreichen, wurde eine besondere Form der Hypothekenfinanzierung in Amerika entwickelt. Parallel dazu drehte der seit 1987 an der Spitze des Federal Reserve System sitzende Notenbankgovener Alan Greenspan den Geldhahn in den USA immer weiter auf. Das Prinzip zur Finanzierung von solchen Immobilienkäufen führte letztlich zu einer neuen Art von handelbaren Wertapieren den *„mortage backed securities* **MBS"** *(dt. Hypothekengesicherte Wertpapiere)*[41]. Für die klassische Immobilienfinanzierung kaum vorstellbar, wurden die Forderungen aus langfristigen Hypothekenkrediten in so kleine Wertpapierportionen aufgeteilt, dass sie de facto von jeder Person erworben werden konnten. Natürlich ließen sich von solcherart handelbaren Wertpapieren vortrefflich auch noch allerlei Derivate ableiten. Da auch sonst das allgemeine Zinsniveau niedrig war, stürzten sich vor allem allerlei Banken auf die MBS, die ihnen noch eine einigermaßen angemessene Rendite versprachen. Kaum waren so in der westlichen Welt die Bücher der Banken mit MBS gesättigt, brach in den USA der Immobilienmarkt zusammen. Die Folgen führten zu der bekannten Finanzkrise von 2007/2008, deren Auswirkungen bis heute anhalten.

10.4 Grenzen der Handlungsmöglichkeiten von Zentralbanken

Ahnungslos, was kommen würde, waren die Zentralbanken aber nicht. Am 8. und 9. November 2005 veranstaltete die Europäische Zentralbank und das Federal Reserve Board und die Bank of Japan in Frankfurt am Main die 4. Joint Central Bank Research Conference on Risk Management and Systemic Risk (4. Gemeinsame Zentralbank Forschungskonferenz über Risikomanagement und Systemische Risiken). Neben der BIZ und dem Internationalen Währungsfond nahmen Vertreter von Aufsichtsbehörden, Privatbanken, Universitäten und 20 Zentralbanken teil. Nachstehend werden einige der wichtigsten Erkenntnisse aus dieser Konferenz zusammengefasst:

- Die Risiken aus Hedgefonds gelten weder als bekannt, geschweige denn verstanden. Trotz aller Reformbemühungen sind Hedgefonds nach wie vor nicht verpflichtet, Informationen über ihre Geschäfte zu veröffentlichen.
- Treten irgendwo Schocks auf, verbreiten sich diese allein schon durch die Struktur institutionalisierter Märkte, da Anlage-manager in jedem Fall als eine Reaktion auf einen Schock ihre Portfolios optimieren.

---

[41] Wer mehr über die MBS und die Schrottimmobilien erfahren will, wird gerne auf das Buch „Chance & Risiko – Fluch und Segen von Finanzrisiken" von Thomas Seidel hingewiesen. Erschienen 2007 als elektronisches Buch im bookrix-Verlag

- Nach die Ablösung des Nettoclearing-Systems für die DM bei der Deutschen Bundesbank durch das Brutto-System Target trat eine signifikante Risikoerhöhung bei der Geldabwicklung ein.
- Kommt es bei Zahlungssystemen zu operationalen Problemen bei einem Teilnehmer, verschlechtert sich sofort das Verhalten der anderen Teilnehmer. Man wägt ab zwischen den Kosten für zusätzliche Liquidität und der Verzögerung der eigenen Zahlungsverpflichtungen. Im letzteren Fall wird dadurch eine Krise noch verstärkt.
- Bei Störungen in der Abwicklung von Wertpapieren verlängert sich die Dauer der Abwicklung und damit auch die Dauer der Krise. Wertpapierlieferdefizite lassen sich durch ein Mehr an Liquidität nicht ausgleichen. Kommt es in einer Krise zu massiven Wertpapierverkäufen, sinken die Kurse. Das führt zu einer geringeren Bestandsbewertung. Darunter leidet auch die Kreditwürdigkeit Dritter und die Krise breitet sich noch weiter aus.
- Strukturelle Krisen haben in den 1990er Jahren zugenommen, wobei die systembedingten Risiken auf beiden Seiten des Atlantiks gleich groß sind.
- Wird gegen ein bestimmtes Land, bzw. dessen Währung spekuliert, nimmt im gleichen Maß das Kreditengagement in das Land ab, d.h. die Investoren ziehen sich zurück oder ihre Investitionen sogar ab. Diese Effekte verstärken sich gegenseitig und verschlimmern die Krise.
- Man hat keinerlei Kenntnisse wie viele Risiken überhaupt vorhanden sind und wer diese letztlich trägt. Unklar ist auch die Frage, was, im Sinne des notwendigen Eigenkapitals der Banken, als ein schlimmer Schock angesehen werden muss. Es könnten zwei, vier, acht oder mehr Prozent Ausfall von Eigenkapital sein.
- Derivate, konsequent als Risikoversicherung und nicht spekulativ angewandt, verteilen die Risiken auf den Geld- und Kapitalmärkten und tragen damit zur Stabilisierung bei.

Trotz dieser Erkenntnisse waren die Zentralbanken nicht in der Lage die letzte Finanzkrise abzuwenden. Dank ihrer abgestimmten Vorgehensweise haben sie aber die Auswirkungen dämpfen können. Letztlich mussten dennoch die Regierungen einiger Länder Garantien und Bürgschaften für Kredite in Billionhöhe geben, um das gegebene Finanzsystem zu retten. Dieses Verhalten bestätigte den Bankmanagern ihre Annahme, dass sie eigentlich mit ihren Geschäften jede Art von Risiko eingehen können. Denn Regierungen sind im Krisenfalle bereit, letztlich alle Verluste auf den Steuerzahler abzuwälzen und damit die Risiken des Bankgeschäfts zu sozialisieren.

Diese Situation wird noch dadurch verstärkt, dass nationale Regierungen nur in den Grenzen ihrer Nation überhaupt etwas bewirken können, während Banken schon längst losgelöst von allen nationalen Beschränkungen ihre Geschäfte auf globaler Ebene betreiben. Einzig die Zentralbanken, nicht zuletzt wegen ihrer kurzen und unproblematischen Abstimmungsmöglichkeiten, werden auf globaler Ebene, wenngleich auch als schwaches Instrument, als in der Lage gesehen, sich allzu spekulativen Aktionen entgegen zu stellen. Damit überträgt die Politik auf die Zentralbanken eine Aufgabe, die eigentlich in ihr ureigenstes Resort fällt, außenpolitische Abstimmung so zu betreiben, dass für den Finanzsektor überall gleichermaßen gültige Regeln aufgestellt werden.

11 Geschichte und Verfassung einzelner Zentralbanken

11.1 Sveriges Riksbank — Die Schwedische Reichsbank —Älteste aller Zentralbanken—

Ausgehend von der historischen Entwicklung des Bankenwesens, etwa seit dem 15. Jahrhundert, mag man die älteste Zentralbank vor allem in Italien vielleicht auch in den Niederlanden vermuten. Es überrascht aus heutiger Sicht daher, dass diese Gründung ausgerechnet in Schweden stattgefunden hat.

Man darf aber im geschichtlichen Kontext nicht vergessen, dass im 17. Jahrhundert Schweden eine der führenden Großmächte Europas war. Schweden beherrschte lange den Ostseeraum. In dieser Zeit war Russland noch weitestgehend bedeutungslos im Konzert europäischer Großmächte. Das Eingreifen des Schwedenkönigs Gustav II. Adolf im Dreißigjährigen Krieg (1618 - 1648) hatte die Stellung des Protestantismus in Europa nördlich der Alpen gesichert.

Bereits 1656 hatte ein gewisser John Palmstruch die nach ihm benannte Palmstruch-Bank gegründet und im selben Jahr das Recht zur Herausgabe von Banknoten erhalten. Weil der Wert dieser ersten Banknoten jedoch nicht konsequent mit Edelmetall gedeckt war, kam es alsbald zu einer Entwertung der Noten durch Inflation. Infolgedessen übernahm der Schwedische Reichstag 1668 die Palmstruch-Bank, um einen Konkurs derselben zu verhindern. Fortan als Schwedische Reichsbank (schwedisch „Sveriges Riksbank") bezeichnet, war sie von Anfang an und ist bis heute eine Behörde des Schwedischen Reichstags geblieben. Ein Parlament hält sich also seit über 350 Jahren eine Zentralbank. Das ist eine außerordentliche Besonderheit unter den Zentralbanken, die so kein zweites Mal auf der Welt existiert.

Zunächst war die Schwedische Reichsbank abhängig von den Beschlüssen des Parlaments. So wurde die Zentralbank im 17. und 18. Jahrhundert mehrmals gezwungen, für Schweden diverse Kriegsteilnahmen zu finanzieren. Darunter den langen Nordischen Krieg (1700-1721), dessen übler Ausgang für Schweden dessen Ende als Europäische Großmacht einleitete und zum Aufstieg Russlands unter Zar Peter dem Großen führte. Daneben musste die Zentralbank auch eine starke wirtschaftliche Expansionspolitik finanzieren. Das alles endete letztlich in einer hohen Inflation.

Bereits in dieser Zeit, der zweiten Hälfte des 18. Jahrhunderts, erkannten schwedische Nationalökonomen eine Wechselwirkung zwischen der Menge des Geldumlaufs, der Teuerungsrate und dem Wechselkurs der Schwedischen Krone. In den 1760er Jahren änderte der Reichstag seine expansive Geldpolitik radikal in eine restriktive, beschwor damit allerdings nur eine Deflationskrise herauf. Mit dem Monopol zur Ausgabe von Banknoten wurde die Schwedische Reichsbank, die im übrigen auch das Monopol für die Herausgabe von Münzen besitzt, ab 1871 schließlich eine Zentralbank im modernen Sinn.

Im Lauf der Zeit musste die Schwedische Krone mehrere Währungsreformen über sich ergehen lassen. Anfangs durch Silber gedeckt, wurde immer wieder mal ein neuer Silberstandard beschlossen, so etwa 1777, 1803 und 1834. Erst im späten neunzehnten und dann ab dem 20. Jahrhundert orientierte sich der Wert der Krone an Wechselparitäten zum Britischen Pfund und natürlich zum Amerikanischen Dollar.

Abbildung 12
Hauptgebäude der Schwedischen Reichsbank, Stockholm

Doch Währungspolitik ist in Schweden seit eh und je nicht Sache der Zentralbank. Die Schwedische Reichsbank ist in erster Linie heute für Geldpolitik zuständig, also die Versorgung der Wirtschaft mit ausreichend Geld und Kredit. Währungspolitik ist Sache der Regierung, sie wird aber technisch von der Zentralbank durchgeführt. Geleitet wird die Schwedische Reichsbank von einer sechsköpfigen Direktion. Die Amtszeit der Direktionsmitglieder beträgt sechs Jahre. Freilich wird jedes Jahr ein neues Direktionsmitglied von einem elfköpfigen Reichsbankausschuss des Schwedischen Reichstags gewählt, sodass in diesem Gremium eine ständige personelle Bewegung stattfindet.

Während der vielen Kriege und wirtschaftlichen Krisen in der ersten Hälfte des 20. Jahrhunderts, verfolgte das politisch neutrale Schweden eine Politik der streng regulierten Wirtschaft. Schließlich trat Schweden 1951 dem Abkommen von Bretton-Woods bei. Dieses Weltwährungssystem wurde wesentlich zwischen Briten und Amerikanern 1944 ausgehandelt. Es führte unter anderem zur Gründung des *Internationalen Währungsfonds (IWF)* und der *Weltbank*. Dieses Abkommen sah eine Deckung des Dollarwertes durch den Goldschatz der USA vor und eine feste Wechselkursbindung von Nichtdollarwährungen zum Dollar. Schweden, welches aus politischen Neutralitätserwägungen an den Verhandlungen der vierundvierzig beteiligten Länder nicht teilgenommen hatte, band sich dennoch anfangs glücklich in dieses System ein. So war auch die Schwedische Krone indirekt wieder an eine Edelmetalldeckung geknüpft. Doch blieb das System von Bretton-Woods eine Illusion. Schon 1973 löste der damalige US-Präsident Richard Nixon das Abkommen von Bretton-Woods wieder auf. Weltweit waren so viele Dollar in ausländischen Besitz gekommen, dass die gesammelten Goldreserven der Vereinigten Staaten nicht mehr ausreichten, um die Einlösungsbedingungen gegen Gold auch nur annähernd abzudecken. Infolgedessen kam es 1976 und 1977 dreimal hintereinander zu drastischen Abwertungen der Schwedischen Krone.

Die sozialistischen Nachkriegsregierungen, vor allem unter den bekannten Premierministern Tage Erlander und Olof Palme, der 1986 einem Attentat zum Opfer fiel, hatten lange Zeit Wert auf einen Wohlfahrtsstaat und vor allem auf Vollbeschäftigung gelegt. Diese Ziele ließen sich nur unter erheblichen Steuerbelastungen angehen, konnten freilich jedoch nie ganz erreicht werden. Einher gingen sie mit einer latenten Inflationsgefahr, bei der es sich ursächlich vor allem um eine Lohninflation handelte. Was lange Zeit politisch als undenkbar erschien, führte schließlich in den 1990er Jahren zu einem Umdenken in der Geldpolitik. Man schwenkte in Schweden nun auf das Ziel der Inflationsbekämpfung nach deutschem Vorbild um. So wurde die Geldpolitik schließlich die wichtigste Aufgabe für die Schwedische Zentralbank, in der sie aber mittlerweile eine starke unabhängige Position besitzt.

Während ihrer langen Geschichte hat die Schwedische Reichsbank viele Krisen erlebt und durchlebt. Ihr Archiv als Zentralbank ist naturgemäß das älteste auf der Welt und beherbergt viele Schätze an Informationen im geschichtlichen Auf und Ab der letzten 350 Jahre. Eine Fundgrube für Wirtschaftswissenschaftler und Wirtschaftshistoriker. Auch die älteste Zentralbank der Welt musste aus Fehlern lernen. Die Erfahrungen haben gezeigt, nur eine unabhängige, für klar definierte Ziele verantwortliche Zentralbank ist der beste Garant für eine gelungene Geldpolitik. Das gilt für ein Land, oder, wie im Falle des €uro, einer Länder- und Währungsgemeinschaft.

Auch in Schweden gibt es schillernde Geschichten über zu hohe Verschuldung Einzelner zu erzählen. Eine davon ist das Schicksal des Ivar Kreuger. Dieser schwedische Erbe diverser Zündholzfabriken brachte es in den 1920er und 1930er Jahren fertig, einigen, von den Folgen des Ersten Weltkriegs gebeutelten, Ländern, große Kredite zu verschaffen. Als Sicherheit diente ein so genanntes Zündholzmonopol, mit dem sich die Kredit nehmenden Länder auf Jahrzehnte hinaus verpflichteten, Kreugers Monopol in Zündhölzern zu respektieren. Doch Kreuger verzettelte sich mit seinen diversen Geschäften und versprach mehr als er am Ende halten konnte. Um seiner klammen finanziellen Situation zu entkommen, begann er schließlich ganze Staatsanleihen zu fälschen. Als sein Schwindel aufflog, entzog sich Kreuger durch Selbstmord den drohenden Konsequenzen und erschoss sich am 12. März 1932 in seiner Pariser Wohnung. Betroffen waren die Schuldner- und die Gläubigerländer gleichermaßen. Deutschland, Polen, Jugoslawien, Ungarn, Rumänien und einige südamerikanische Staaten auf der Schuldnerseite; die USA, Großbritannien, die Schweiz, Frankreich und die Niederlande auf der Gläubigerseite. Schweden, von wo aus Kreuger operierte und seine millionenschweren Anleihegeschäfte machte, blieb bei der ganzen Sache außen vor. Weder gab das Land Geld, noch nahm es bei Kreuger Kredite auf. Auf Seiten der Schwedischen Reichsbank konnte man dem Geschehen nur zusehen. In dieser Zeit verfolgte das Land selbst seine restriktive Wirtschaftspolitik.

Heute ist Schweden mit einem Haushaltsdefizit von 0,8 % des Bruttoinlandsprodukts und einer Gesamtverschuldung von etwa 36 % desgleichen relativ hervorragend im Vergleich unter den Ländern der Europäischen Gemeinschaft aufgestellt. Durch seine Abstinenz vom €uro steht das Land wieder als außen stehender Beobachter da und kann den Turbolenzen im Weltfinanzgeschehen relativ gelassen zusehen. Dennoch heißt es für die Schwedische Reichsbank mehr denn je, wachsam und vorsichtig gegenüber den schwierigen Verhältnissen und Strömungen im globalen Finanzgeschehen zu sein. Aber wer, wenn nicht die stillen Fachleute in der ältesten Zentralbank der Welt, haben so viel Erfahrung und Gelassenheit und können auf so lange Beständigkeit zurückgreifen wie die Menschen, die diese Zentralbank seit Generationen ausmachen.

11.2 The Bank of England —Her Majesty's Central Bank—

Das ausgehende 17. Jahrhundert ist in England eine Zeit beinahe bürgerkriegsähnlicher Auseinandersetzungen. 1677 hatte Maria, die Tochter des regierenden englischen Königs Jakob II. ihren Cousin Wilhelm III. von Oranien geheiratet, einen streng calvinistisch erzogenen Prinzen aus der niederländischen Linie des Hauses Oranien-Nassau. Die Versuche von Wilhelms Schwiegervater, des katholischen Königs Jakob II., in England wieder den Katholizismus zu etablieren, endeten damit, dass er von seinem Schwiegersohn im Verlauf der so genannten Glorius Revolution vom Thron verdrängt wurde. Wilhelm und Mary unterzeichneten am 23. Oktober 1689 die berühmten „Bill of Rights", jenes verfassungsähnliche Dokument des englischen Staates, das besonders die Rechtsbeziehungen zwischen dem König und dem Parlament regelte und letztlich eine absolutistische Königsmacht nach französischem Vorbild in England für immer verhinderte. Wilhelm befand sich im Krieg mit Frankreich das Jakob II. unterstützte. Wilhelm musste erhebliche Mittel aufwenden, um die Versuche seines Schwiegervaters, den Thron zurück zu gewinnen, abzuwehren.

In jenen Zeiten befanden sich die englischen Staatsfinanzen in einem zerrütteten Zustand. Wirklich ständige Steuern auf das Einkommen oder gar den Warenumsatz wie heute gab es so nicht. Die Krone musste sich beim Parlament für jede Unternehmung eine neue Steuer genehmigen lassen. Aus den Tagebüchern von Samuel Pepys wissen wir, dass die Krone so manches Mal auch bei den Kaufleuten keinen Kredit mehr bekam. Drei Seekriege mit den Niederlanden, ein ausschweifendes Leben von Jakobs Bruder und Vorgänger als König Charles II. hatten Misstrauen und Unwillen bei Adeligen und Bürgern gesät. Im Jahr 1694 beliefen sich die Schulden der englischen Krone auf etwa eine Million Pfund.

Vor dieser Ausgangslage traten eine Reihe von Geschäftsleuten, unter der treibenden Kraft des schottischen Kaufmanns William Paterson und der Mitwirkung des ab 1697 amtierenden Schatzkanzlers Charles Montagu, an den König heran, und ersuchten um das Privileg, eine Notenbank gründen zu dürfen. Sie hatten die Idee, eine Aktiengesellschaft zu gründen, die für die Krone eine zuverlässige Kreditquelle sein sollte. Den Aktionären versprach man Erträge aus den Zinszahlungen der Krone. Neben der Kriegsfinanzierung für König Wilhelm, sollte auch das englische Handelsgeschäft mit den Kolonien gefördert werden. Vorbild dazu könnte die holländische Wisselbank in Amsterdam gewesen sein. Jenes, bereits 1609 gegründete, Finanzinstitut finanzierte vor allem die wirtschaftliche Expansion und auch den beginnenden Handel der niederländischen Oostindische Compagnie. Am 27. Juli 1694 schließlich kam es zur Gründung der Bank of England. Zuvor hatte man innerhalb von nur zehn Tagen 1,2 Millionen Pfund aus gezeichneten Aktien eingesammelt. Insgesamt 1268 Gläubiger erhielten das königliche Privileg, Banknoten auszugeben und kommerzielle Bankgeschäfte zu betreiben. Obwohl offiziell unter dem Namen „The Governor and Company of the Bank of England" firmierend, war die Bank of England Privateigentum in Form dieser Aktiengesellschaft und sollte das auch bis zu ihrer Verstaatlichung im Jahr 1946 bleiben.

Anders als etwa die bereits sechsundzwanzig Jahre zuvor gegründete Schwedische Reichsbank war die Bank of England also keine Parlamentsbank. Sie war zunächst auch wirklich nur eine Bank für England. Knapp ein Jahr nach Entstehen der Bank of England wurde am 17. Juli 1695, durch Beschluss des schottischen Parlaments, die Bank of Scotland gegründet. Die Bank of Scotland hatte durchaus, und das bis in das 20. Jahrhundert hinein, ihr eigenes Ausgabeprivileg für Banknoten. Das Hin und Herkarren von Banknoten zwischen Schottland und England sollte am 8. August 1963 zum größten Postraub aller Zeiten führen. Eine Bande überfiel einen Postzug in dem altes Bargeld zur Vernichtung von Glasgow nach London transportiert wurde und raubte insgesamt £ 2.631.684, in heutiger Kaufkraft etwa 40 Millionen Pfund Sterling oder ungefähr 48 Millionen Euro.

Zunächst machten die Eigentümer gute Geschäfte mit der Regierungsfinanzierung. Man achtete darauf, dass die ausgegebenen Banknoten durch Gold gedeckt waren, denn man wollte eine inflationäre Entwicklung unbedingt vermeiden. Das war auch dringend notwendig. Auch das 18. Jahrhundert war für England durch eine Abfolge von Kriegen geprägt. Gleich zu Beginn ging es im Nordischen Krieg und im Spanischen Erbfolgekrieg um die Aufrechterhaltung der Machtbalance in Kontinentaleuropa. Schweden trat als Großmacht ab, Russland nahm dessen Platz ein. Vor allem in Nordamerika lieferte man sich Kolonialkriege mit Frankreich. Dann kämpfte man sogar mit den nach Unabhängigkeit strebenden, eigenen Kolonien. Das Ende des 18. Jahrhunderts wurde schließlich durch den imperialen Machtanspruch des napoleonischen Frankreichs geprägt. Alle diese Kraftanstrengungen führten zu einer immensen öffentlichen Verschuldung und schließlich auch in eine erhebliche Inflation.

Bereits 1734 hatte die Bank of England Grundstücke an der Threadneedle Street erworben und begann mit dem Bau jenes Gebäudes, welches noch heute den Hauptsitz der Bank ausmacht. 1844 schließlich erhielt die Bank of England das Monopol zur Ausgabe von Banknoten. Seitdem mussten die schottischen Banknoten im Verhältnis 1:1 durch englische gedeckt sein. In der Praxis sahen die schottischen Banknoten dann nur etwas anders aus. Nach der Bekämpfung der

Inflation aus den napoleonischen Kriegszeiten kehrte man wieder zur strengen Golddeckung aller Banknoten zurück, da man darin das beste Mittel zur Inflationsbekämpfung sah.

Abbildung 13
Bank of England

Im Laufe des 19. Jahrhunderts tritt das ursprünglich kommerzielle Geschäft der Bank of England nach und nach in der Hintergrund. Unter den Geschäftsbanken in London wird die Bank of England mehr und mehr eine moderne Zentralbank. Sie schlüpft in die Rolle der Bank der Banken und des „lender of last resort", ein Begriff der so sinngemäß von Sir Francis Baring in seinen „Observation on the Establishment of the Bank of England" von 1797 eingeführt wurde. Die Hauptaufgabe der Bank of England wird die Sicherstellung der Liquidität des Bankensystems und die reibungslose Geldversorgung des British Empire.

Die politischen, wirtschaftlichen und gesellschaftlichen Verwerfungen in der ersten Hälfte des 20. Jahrhunderts, die beiden Weltkriege und die großen Weltwirtschaftskrisen machen es unmöglich, den Goldstandard aufrecht zu erhalten. Dieser wird 1931 aufgegeben. Die Gold- und Fremdwährungsreserven der Bank of England wurden auf das Britische Schatzamt übertragen. Besonders der Zweite Weltkrieg verschärft noch einmal die Lage und bringt eine Devisenbewirtschaftung mit sich. Dann, schließlich, wird die private Eigentümerschaft der Bank of England aufgegeben und 1946 wird die Bank verstaatlicht.

Inzwischen hatte man sich, vor allem gemeinsam mit den Amerikanern, Gedanken über eine neue Weltwirtschaft- und Finanzordnung nach dem 2. Weltkrieg gemacht. Dazu trafen in einem Kurort im US-Bundesstaat New Hampshire vom 1. bis zum 22. Juli 1944 die Finanzminister und Notenbankgouverneure von 44 Staaten zusammen. Der Name des Ortes wurde zum Synonym für ein neues Weltwährungssystem Bretton-Woods. Auf dieser Konferenz prallten zwei Konzepte aufeinander. Der berühmteste Nationalökonom Englands John Maynard Keynes schlug vor, eine internationale Kunstwährung den *Bancor* zu schaffen. Der Gegenvorschlag der Amerikaner unter deren Finanzstaatssekretär Harry Dexter White sah dagegen eine Fondslösung vor und eine Bindung aller Währungen der Fonds-Mitgliedsländer an den Dollar. Beide Ansätze gingen jedoch von einer festen Deckung durch einen Goldstandard aus. So entstand nach dem 2. Weltkrieg ein durch Gold gedecktes Weltwährungssystem, das System von Bretton-Woods. Dieses brach jedoch schon 1973 endgültig in sich zusammen. Bereits am 15. August 1971 hob der damalige US-Präsident Richard Nixon die nominale Goldbindung zum US-Dollar auf. Seit der Gründung des Systems von Bretton-Woods waren auf der Welt so viele Dollar in Umlauf gekommen, dass die gesammelten Goldreserven der USA, die in dem berühmten Fort Knox gelagert sind, nicht ausgereicht hätten, auch nur ein Mitgliedsland von Bretton-Woods in Gold auszuzahlen.

Heute ist die Hauptaufgabe der Bank of England, die nun eigentlich eine Bank of Great Britain ist, vor allem die Geldwertstabilität des Britischen Pfunds zu gewährleisten. Dazu stehen der Bank of England alle modernen Instrumentarien wie Leitzinsen, Offenmarkt-Geschäfte und Mindestreserven zur Verfügung. Der offizielle Zielkorridor beim Inflationssatz liegt bei zwei Prozent. Daneben soll die Bank of England die Stabilität des britischen Finanzwesens gewährleisten. Zu diesem Zweck ist ihr erlaubt, auch aktiv am britischen Marktgeschehen teilzuhaben etwa durch An- oder Verkäufe von Staatsanleihen. Schließlich soll die Bank of England die lokalen Zahlungssysteme überwachen und deren reibungsloses Funktionieren sicherstellen. Sie trägt zur Entwicklung und Verbesserung der Finanzinfrastrukturen bei und versucht, systemische Risiken im Finanzwesen zu erkennen und wenn möglich einzudämmen.

Lange Zeit führte die Bank of England keine Aufsichtsaufgaben bei den britischen Finanzinstitutionen durch. Das hat sich jedoch seit der letzten Finanzkrise von 2009/2010 wieder geändert. Mit dem Financial Services Act von 2012 wurde der Bank of England die Finanzaufsicht als

„*Prudential Regulation Authority (PRA)*" auferlegt. Als solche überwacht die Bank of England neben den Banken unter anderem auch Versicherungen und große Investmentgesellschaften, insgesamt etwa 1700 Finanzinstitute. Sie arbeitet dabei mit der „*Financial Conduct Authority (FCA)*" zusammen. Dabei handelt es sich um eine Einrichtung, die sich unter anderem um Verbraucherschutz in Finanzsachen bemüht. Die FCA überwacht dabei rund 57.000 Firmen und überprüft auch deren Verhalten im Geschäftsverkehr. Finanziert wird die FCA von den Mitgliedsfirmen, die sie beaufsichtigt, ist allerdings der Regierung und damit indirekt dem Parlament gegenüber verantwortlich.

Geführt wird die Bank of England von sogenannten Governors und Executive Directors. Das sind der Governor, drei stellvertretende Governors jeweils für Geldpolitik, Finanzstabilität und Finanzaufsicht und ein Chief Operating Officer, sowie vierzehn weitere Executive Directors. Sie alle sind für das Tagesgeschäft in ihren jeweiligen Fachbereichen zuständig. Daneben gibt es eine Art Beratungs- und Kontrollkommitte, den Court of Directors. Diesem gehören neben dem Governor und seinen Stellvertretern auch so genannte Non-Executives, also Persönlichkeiten die außerhalb der Bank of England stehen, an. Alle diese Personen werden von der Regierung vorgeschlagen und von der Krone ernannt, wenngleich auch für eine unterschiedliche Aufgabendauer bei möglicher Wiedereinsetzung.

So gediegen und gelassen die Bank of England in ihrer nunmehr weit über dreihundertjährigen Geschichte im öffentlichen Erscheinungsbild daher kommt, ist sie, bei aller Expertise, keineswegs unabhängig. Vielmehr unterstehen die Direktoren einem direkten Weisungsrecht des britischen Schatzkanzlers. Von der Natur der Sache her ist die Bank of England damit ein verlängerter Arm der Britischen Regierung und somit zumindest indirekt auch Gegenstand der politisch wechselnden Mehrheitsverhältnisse im Vereinigten Königreich.

11.3 Banque de France —Ein Kind der Französischen Revolution und Napoleons—

Der Blick der Deutschen auf den 9. November wird geprägt von vielerlei historischen Ereignissen, guten wie schlechten. Jüngst erinnert die Deutschen der 9. November an den Fall der Berliner Mauer im Jahr 1989 und damit für einen der raren glücklichen Momente deutscher Geschichte. Verdunkelt wird die Erinnerung an diesen Tag durch die nationalsozialistischen Novemberprogrome gegen die jüdische Bevölkerung von 1938. Genau siebzig Jahre vor dem Fall der Berliner Mauer fand im Jahr 1919 an jenem Tag die Ausrufung der Weimarer Republik statt. Noch weiter zurück, ins Jahr 1848 fällt die Hinrichtung von Robert Blum, eines linksliberalen Abgeordneten der einzigen deutschen Nationalversammlung, und damit das Ende einer gesamtdeutschen Revolution. Doch ist der 9. November keinesfalls nur ein deutscher Schicksalstag, sondern vielmehr ein europäischer. Für die heutige Prägung von ganz Europa wichtiger war der 9. November 1799, der allerdings nach dem Französischen Revolutionskalender in die Geschichte als der 18. Brumaire des Jahres VIII der Französischen Revolution einging. An diesem Tag putschte Napoleon Bonaparte gegen das Revolutionsdirektorium und die Französische Nationalversammlung und wird schließlich Erster Konsul der Französischen Republik. Niemand anderes als Napoleon selbst begründete nur neunundsechzig Tage später, am 18. Januar 1800 die Banque de France und zwar privatwirtschaftlich in Form einer Aktiengesellschaft. Napoleon ließ es sich nicht nehmen, persönlich einer der Gründungsaktionäre der Banque de France zu sein.

Das Motiv für die private Gründungsform war ursprünglich sicherzustellen, dass die neue Bank unabhängig von der französischen Regierung agieren konnte. Aber damit war es bereits im April 1806 wieder vorbei. Ein neues Gesetz band die Banque de France eng an die Vorgaben der Regierung. Mit dem kaiserlichen Erlass der Grundstatuten der Banque de France vom 16. Januar 1808, die immerhin bis 1936 Gültigkeit haben sollten, wurde diese Abhängigkeit noch fester gezurrt. Aber immerhin durfte die Banque de France, deren Geschäfte bis dahin räumlich weitestgehend auf Paris eingegrenzt waren, nun auch anderswo in Frankreich Geschäftsstellen eröffnen.

Obwohl die Ausgabe, möglichst goldgedeckter, Banknoten von Anfang an zum Geschäftsumfang der Banque de France zählte, kamen ihre Banknoten erst 1848 in den Genuss, allein gültiges gesetzliches Zahlungsmittel, mit Annahmezwang in ganz Frankreich, zu werden. Lange Zeit blieb die Banque de France auch eine gewöhnliche Geschäftsbank und unterstützte die französische Wirtschaft mit gängigen Kreditvergaben. Die Bank wuchs allmählich in die typischen Aufgaben einer modernen Zentralbank hinein. Zum Beispiel wurde es ihr erst nach 1925 erlaubt, an Devisenmärkten zur Franc-Stabilisierung intervenieren zu können.

Abbildung 14
Haupteingang der Banque de France

Immer wieder stand die Banque de France im Mittelpunkt politischer Begehrlichkeiten. Mit dem Sieg der politisch linksgerichteten Volksfront

1936 wollte die neue Regierung auch mehr Einfluss auf die Banque de France nehmen. So erging am 24. Juli 1936 ein Gesetz mit dem vor allem die Führungsstruktur der Banque de France verändert wurde. Waren bis dahin 15 Ratsmitglieder von einer Generalversammlung bestimmt worden, traten an deren Stelle nun 20 Berater, von denen nur noch zwei von der Generalversammlung gewählt wurden. Mit diesem Gesetz räumte die damalige französische Regierung auch gleich noch mit einer anderen Besonderheit bei der Banque de France auf. Nicht alle Aktionäre der Banque de France hatten bis dahin überhaupt Zugang zur Generalversammlung. Dieser war auf die 200 wichtigsten Aktionäre beschränkt, was in Frankreich zu dem geflügelten Wort geführt hatte, Frankreich würde von 200 Familien regiert. Eine Erscheinung in Frankreich, der auch der russische Kommunistenführer Leo Trotzki am 26. März 1936 unter dem Titel „Frankreich an der Wende" den Kampf angesagt hatte. Nach dem Ende des Zweiten Weltkriegs wurde die Banque de France am 2. Dezember 1945 endgültig verstaatlicht. De facto war nun die Banque de France eine Abteilung des französischen Finanzministeriums.

In den 1970er Jahren kam es finanzwirtschaftlich zu radikalen Veränderungen in allen Ländern der westlichen Welt. 1973 war das Weltwährungssystem von Bretton-Woods durch den amerikanischen Präsidenten Richard Nixon aufgelöst worden. Galt bis dahin ein System fester Wechselkurse zum Dollar mit einer nominellen Golddeckung, so befanden sich die Wechselkurse vieler Währungen nun den Kräften des freien Marktes ausgesetzt.

In Westeuropa hatte die Wirtschaftskraft Westdeutschlands die Deutsche Mark zur führenden Währung gemacht. Der in seinen Beschlüssen institutionell völlig unabhängige Zentralbankrat der Deutschen Bundesbank entschied wesentlich die geldpolitischen Zins- und Geldmengenkorridore in Europa und setzte so manches Mal, eher ungewollt, andere Länder mit seinem Diktum unter Druck. Auch die Banque de France war mehr und mehr gezwungen auf die deutschen Entscheidungen nur noch zu reagieren, anstatt im Sinne des Franc agieren zu können. Weltweit hatte die Deutsche Bundesbank Maßstäbe gesetzt, was die Reputation einer modernen Zentralbank ausmacht. Es ist vor allem deren politische Unabhängigkeit in Fragen der Geldpolitik und der Preisstabilität, an der heute das öffentliche Vertrauen in eine Notenbank gemessen wird. Die französische Politik reagierte auf diese Herausforderungen mit einem neuen Gesetz vom 4. August 1993, mit dem die Banque de France, ausgerichtet am deutschen Vorbild, mehr Unabhängigkeit von der französischen Regierung zugestanden bekommen sollte.
Doch waren es Ereignisse außerhalb jeder französischen Kontrolle, die bereits wenige Jahre vorher eine ganz andere entscheidende

Entwicklung für Frankreich und vor allem den Franc einleiteten. Dem Zusammenbruch der kommunistischen Systeme in Osteuropa und der damit einher gehenden Wiedervereinigung Deutschlands stand die französische Politik weitestgehend wirkungslos gegenüber. Es heißt, allein für die französische Zustimmung zur deutschen Wiedervereinigung habe der damalige französische Präsident François Mitterrand dem deutschen Bundeskanzler Helmut Kohl das Versprechen abgerungen, die offensichtlich so mächtige Deutsche Mark zu Gunsten einer gemeinsamen europäischen Währung aufzugeben. Vielleicht erhoffte man sich in Frankreich, dadurch wieder mehr Einfluss auf die dominierende Zentralbankpolitik und damit indirekt auf das Wohl und Wehe der eigenen konjunkturellen Entwicklung zu bekommen. Ein fataler Irrtum, wie sich kaum zwanzig Jahre später herausstellte.

Mit den Verträgen von Maastricht aus dem Jahr 1992 wurden die grundlegenden Vereinbarungen getroffen, spätestens ab 1999 in der Europäischen Union eine gemeinsame Währung zu schaffen, was schließlich zum €uro führte. Damit ist die Banque de France, wie alle anderen nationalen Zentralbanken im €uro-Raum, de facto eine im Prinzip der Europäischen Zentralbank (EZB) nachgeordnete Stelle. Insbesondere die Kernentscheidungen hinsichtlich der Zentralbankzinssätze und der Geldpolitik, und damit die Steuerung der Geldwertstabilität, obliegt nunmehr allein der EZB.

Heute bestehen die Kernaufgaben der Banque de France darin, die geldpolitischen Beschlüsse der EZB in Frankreich umzusetzen; die Gold- und Währungsreserven Frankreichs zu verwalten; Banknoten und Münzen für Frankreich zu produzieren und zu vertreiben; die Zahlungsbilanz Frankreichs zu erstellen und zu gewährleisten, dass die nationalen Zahlungs- und Abwicklungssysteme des französischen Finanzsektors reibungslos funktionieren. Ausdrücklich nicht erlaubt ist es, der Banque de France Kredite an den Staat zu vergeben oder Staatsanleihen zu kaufen, mit Ausnahme von Papieren die ihr von Staatsbanken angedient werden, um deren Wettbewerbschancen mit Privatbanken hinsichtlich der Liquiditätsbeschaffung zu garantieren.

In die Aufgaben der Aufsicht der nationalen Finanzindustrie ist die Banque de France mit eingebunden. Um alle Aufgaben zu erfüllen, ist die Banque de France so organisiert, dass an ihrer Spitze ein Gouverneur und zwei Stellvertreter für das Tagesgeschäft verantwortlich sind. Diese Spitzenführungskräfte bilden, gemeinsam mit vier, für sechs Jahre vom Ministerrat bestimmten, weiteren Mitgliedern, den Rat für Geldpolitik, dessen Entscheidungsmöglichkeiten freilich durch die Vorgaben der EZB eingeschränkt sind. Daneben gibt es noch einen Verwaltungsrat, zu dem sich neben den Mitgliedern des Rates für

Geldpolitik noch ein weiteres Mitglied gesellt, das von den Arbeitnehmern der Banque de France auch für sechs Jahre delegiert wird.

Formal sind die Gremien der Banque de France heute unabhängig von den Weisungen des Finanzministers. Mit der Einführung des €uro ist die Banque de France, fast genau 200 Jahre nach ihrer Gründung, aufgegangen in das Europäische Währungssystem. Wenn es sie denn jemals wirklich gab, so ist die französische Spekulation über die Ablösung der Deutschen Mark durch den €uro für Frankreich nie aufgegangen. Sofort nach ihrer Gründung entwickelte die Europäische Zentralbank ein absolut eigenes europäisches Bewusstsein. Eine wesentliche Zunahme politischen Einflusses durch ein bestimmtes Land der EU und schon gar nicht Frankreichs ist dort, selbst zu Zeiten des französischen EZB-Präsidenten Jean-Claude Trichet, jedenfalls bisher nicht festzustellen. Zu keiner Zeit war die Banque de France ähnlich machtvoll wie manch andere Zentralbanken in der Welt, doch damit steht sie als französische Institution nicht allein in jener zentralistischen Landestradition, in der letztlich alle wichtigen Entscheidungen vom jeweiligen Staatsoberhaupt abhängig sind.

11.4 Die Deutsche Bundesbank —Die verwunschene Festung der Deutschen Mark am Main—

Gleich aus welcher Himmelsrichtung man auf Frankfurt am Main zukommt, schon von weiter Ferne erkennt man den Frankfurter Fernmeldeturm. Mit einer Gesamthöhe von über 337 Metern das höchste Gebäude weit und breit. Seit seiner Erbauung erhebt er sich wie ein überdimensionierter Wachturm für das nur wenige hundert Meter entfernte, festungsartige Gebäude der Deutschen Bundesbank.
Folgt man dem Turm, kommt man unweigerlich zur Zentralbank der Deutschen Mark. Obgleich diese bauliche Konstellation ein örtlicher Zufall ist, die anschauliche Symbolik ist nicht zu überbieten. Trotzig erhebt sich das Gebäude der Deutschen Bundesbank in einer nüchternen Betonbüroarchitektur der 1960er-Jahre und dennoch erscheint heute die einst mächtigste Zentralbank Europas wie ein verwunschenes Zauberschloss.

Denn ihr ist der ureigenste Schatz abhanden gekommen, wichtiger als alles Gold, das je hier lagert, die Deutsche Mark! Wie alle anderen nationalen Zentralbanken im Euro-System ist auch die Deutsche Bundesbank in dieser Struktur eine der Europäischen Zentralbank nach geordnete Stelle geworden.

Diesem aktuellen Zustand ist eine längere Entwicklung vorausgegangen, als es zunächst den Anschein hat. Die mit Gesetz vom 26. Juli 1957 ins Leben gerufene Deutsche Bundesbank blickt auf Vorgänger zurück, die alle Brüche deutscher Geschichte widerspiegeln. Im Sinne einer deutschen Zentralbank für eine einheitliche deutsche Währung, die Reichsmark, entstand am 1. Januar 1876 die Reichsbank mit Sitz in Berlin. Das ehemalige Reichsbankgebäude wird heute als Sitz des Auswärtigen Amts benutzt. Nach der Gründung des Zweiten Deutschen Reichs waren juristisch die Angelegenheiten der Währung schlicht Reichssache geworden und unterlagen damit nicht mehr der Hoheit einzelner deutscher Bundesländer.

Aber auch die Reichsbank hatte Vorgänger, so die 1847 gegründete Preußische Bank, bis 1871 zunächst Zentralbank Preußens, dann bis 1876 Zentralbank des föderalistischen Zweiten Deutschen Reichs und damit bereits Hüter der Reichsmark. Doch selbst die Preußische Bank entwickelte sich aus einem Vorläuferinstitut, der Königlichen Hauptbank (ursprünglich Königliche Giro- und Lehnbank), gegründet von keinem anderen als dem Preußenkönig Friedrich II. am 17.Juni 1765 ausdrücklich zum Zweck der Banknotenemission.

Man kann also in deutschen Landen eine Zentralbanktradition bis 1765 zurückverfolgen. Eine einheitliche Banknoten- und Geldpolitik entstand jedoch erst mit der Reichsbank, mit ihr aber sogleich zentral. Dennoch war es den Staatsbanken Badens, Bayerns, Sachsens und Württembergs bis 1935 möglich, eigene Banknoten heraus zu geben, freilich gedeckt und abgestimmt mit der Reichsbank.

Wie mit so vielen föderalistischen Eigenheiten in deutschen Landen machten die Nazis dann damit endgültig Schluss. Exekutiert wurde deren Wille durch den allseits unbeliebten, gleichwohl legendären Reichsbankpräsidenten Hjalmar Schacht, von manchen auch als Hitlers mächtigstem Bankier bezeichnet. Auch sonst hatten die Deutschen mit der Reichsbank und der Reichsmark insgesamt keine guten Erfahrungen gemacht. Die Reichsbank, rechtlich immer eine Gesellschaft privaten Rechts, deren letzte Anteilseigner erst 1961 endgültig abgefunden wurden, war fast immer eine von den Weisungen der Reichsregierung abhängige Behörde. Es gab aber auch mal eine kurze Periode nach dem 1. Weltkrieg, wo aufgrund internationaler Vereinbarungen zur Schulden-tilgung des Deutschen Reichs dem sogenannten Dawesplan (benannt nach dem Amerikaner Charles Gates Dawes), ab August 1924 die Reichsbank eine von der Regierung völlig unabhängige Anstalt wurde. Der Reichsbankpräsident wurde von einem vierzehnköpfigen Generalrat gewählt, dessen eine Hälfte der Mitglieder unabhängige Finanzexperten aus den Ländern Großbritannien, Frankreich, Italien, USA, Belgien, Niederlande und der Schweiz waren. Hjalmar Schacht, der im Ausland zunächst mehr Ansehen genoss als in Deutschland, präsidierte, von einer kurzen Zwischenzeit abgesehen, auch diese Periode bis 1933.

Geprägt sind jene Jahre im kollektiven Gedächtnis der Deutschen bis heute vom Trauma der Hyperinflation. Ganz allgemein hatte man das Gefühl der Geldunwertigkeit, denn auch die Nazis finanzierten ihre Kriegspolitik de facto mit einer Inflation, die freilich für die Bevölkerung durch die Zwangsbewirtschaftung verdeckt geblieben war. Dem Schreckgespenst der Hyperinflation wurde durch einen Plan Hjalmar Schachts ein Ende gesetzt. Unterstützt vom Reichskanzler Gustav Stresemann, gründete man am 15. Oktober 1923 die Deutsche Rentenbank. Diese refinanzierte sich durch Hypotheken und Grundschulden auf inflationsfreie Immobilien aus Landwirtschaft, Industrie und Gewerbe. Dann am 20. November 1923 begann die Rentenbank Banknoten und Münzen als Zahlungsmittel auszugeben, die Rentenmark. Das Umtauschverhältnis einer Rentenmark zum alten Papiergeld wurde auf 1:1 Billion von der Reichsbank festgelegt.

Diese Geldalternative wurde von der Bevölkerung sofort vertrauensvoll angenommen und die Hyperinflation war tatsächlich über Nacht verschwunden. Der Erfolg der Rentenmark lag in ihrer Knappheit, denn der Gesamtwert aller ausgegebenen Zahlungsmittel durfte die Summe von 2,4 Milliarden Reichsmark nicht überschreiten. Endgültig abgeschafft wurde die Rentenmark erst mit der Währungsreform von 1948. Die Deutsche Rentenbank gibt es aber heute noch, sie existiert als Landwirtschaftliche Rentenbank mit Sitz in Frankfurt am Main. Eigentümer dieser öffentlich-rechtlichen Anstalt ist die Bundesrepublik Deutschland. Aufgabe der Bank ist vor allem die Förderung der Landwirtschaft.

Nach dem 2. Weltkrieg, während der alliierten Besatzungszeit, wurde der Ersatz der funktionslosen Reichsmark immer dringlicher. Die USA forcierten ab 1946 eine Währungsreform. Doch wollte sich die Sowjetunion für ihre Besatzungszone nicht an einer Reform beteiligen. So kam es am 1. März 1948 zunächst nur in der amerikanischen und britischen Besatzungszone, zur Gründung der Bank deutscher Länder mit Sitz in Frankfurt am Main. Wenige Wochen später trat auch die französische Besatzungszone bei. Am 20. Juni 1948, einem Sonntag, wurde die Deutsche Mark eingeführt, in einem Umtauschverhältnis von 100 Reichsmark zu 6,50 Deutsche Mark. Wenngleich damit die Bevölkerung auch den Großteil ihrer Geldersparnisse verloren hatte, die Währungsreform wirkte auf die Menschen dennoch wie ein Wunder. Denn tags darauf waren auf einmal alle Geschäfte mit Waren voll, die vorher nicht oder nur auf dem Schwarzmarkt erhältlich gewesen waren. Das Gefühl, die lange Zeit bitterster Entbehrungen endlich überwunden zu haben, muss für die Menschen überwältigend gewesen sein.

Mit dem sich anschließenden Wirtschaftswunder wurde die Deutsche Mark für Deutschland zum alles überragenden Symbol des kollektiven Erfolgs und die Zentralbank zur Gralshüterin der Geldwertstabilität der Deutschen Mark. Diesem Anspruch sollte auch die verfassungsgebende Versammlung der neu gegründeten Bundesrepublik Deutschland mehr als nur gerecht werden. Mit dem Artikel 88 des Grundgesetzes erging der Auftrag zur Errichtung einer Notenbank als Bundesbank. Die Gründung der Bundesbank hatte, in Form einer bundesunmittelbaren Person des öffentlichen Rechts, damit Verfassungsrang, ein in der Welt bis heute einmaliger Status für eine Zentralbank. Im Bundesbankgesetz wurde die absolute Unabhängigkeit der Bundesbank von Weisungen der Regierung in Fragen der Geld-, Währungs-, und Notenpolitik zementiert. Allerdings verblieb das sogenannte Münzregal, ein altes Königsrecht für die Ausgabe von Münzen, bei der Bundesregierung.

Mächtigstes Entscheidungsorgan in Geld- und Währungsfragen war nun der Zentralbankrat der Deutschen Bundesbank. Dieser setzte sich aus dem Präsidenten der Bundesbank dessen Vizepräsidenten, bis zu sechs weiteren Direktoriumsmitgliedern und den elf Landeszentralbank-präsidenten der alten Bundesrepublik zusammen.

Abbildung 15
Deutsche Bundesbank

Bis 1973 galt international das Weltwährungssystem von Bretton-Woods, mit einer vertraglich vereinbarten Kursparität zum Dollar. Allgemein war das eine Periode starken Wirtschaftswachstums in Deutschland und die Bundesbank hatte vor allem die innere Geldwertstabilität zu gewährleisten. Ab 1974 führte der Zentralbankrat erstmals in der Welt ein Geldmengenziel für die folgende einjährige Periode ein. In den 1970er und 1980er Jahren wirkten die Beschlüsse des Zentralbankrates in Sachen Zins- und Währungspolitik dann wie Donnerhall. Zentralbanken anderer europäischer Länder hatten keine andere Wahl, als ihre geld- und währungspolitischen Entscheidungen den Vorgaben der Markgralshüter in Frankfurt anzupassen.

Mit seiner Wirtschaftskraft, seinen Exportüberschüssen und der inflationsbeschützten Deutschen Mark herrschte nun, keine 30 bis 40 Jahre nach Kriegsende, wieder eine deutsche Hegemonie zumindest in Westeuropa. Dann fiel völlig unerwartet die Mauer und als Preis für eine friedliche Wiedervereinigung der beiden deutschen Staaten rangen die europäischen Siegermächte der Bundesregierung unter dem damaligen Kanzler Helmut Kohl die Aufgabe der Deutschen Mark ab. Die Deutsche Bundesbank als alte Markfestung in Frankfurt steht noch, doch die wesentlichen Entscheidungen werden wenige Kilometer weiter südlich, direkt am Mainufer von Frankfurt, in der Europäischen Zentralbank getroffen.

Seit der Aufgabe der Deutschen Mark hat sich das Zentralbanksystem in Deutschland stark umstrukturiert. Aus dem einstmals so mächtigen Zentralbankrat mit immerhin maximal neunzehn Mitgliedern ist ein

Vorstand von sechs Personen geworden. Hatte früher jedes Bundesland eine lokale Hauptverwaltung, so ist die Regionalorganisation bei heute sechzehn Bundesländern auf nur noch neun Hauptverwaltungen zusammengeschrumpft.

Aus den Nachkriegszeiten der Alten Bundesrepublik gründet die Tatsache, dass der Goldhort Deutschlands zu großen Teilen verstreut im Ausland gelagert wurde, vor allem aber bei der Bank of England, der Banque de France und dem New Yorker Federal Reserve. So konnte man nach dem Zweiten Weltkrieg den eigenen Goldbestand als physisches Sicherheitspfand im Fall von notwendigen Kreditaufnahmen stellen. Diese Vorgehensweise hat sich allerdings mittlerweile überholt. In jüngster Zeit hat die Bundesbank damit begonnen, ihre Goldbestände aus dem Ausland wieder zurückzuholen. Immerhin besitzt Deutschland mit 3.386,4 Tonnen nach den USA mit 8.133,5 Tonnen den zweitgrößten Goldbestand der Welt.

Inzwischen ist die Deutsche Bundesbank zu einem modernen Dienstleister innerhalb der €uro-Systems geworden. Gemeinsam mit den Aufsichtsämtern im €uro-System werden auch Aufgaben der Bankenaufsicht wahrgenommen. Die dafür notwendigen Fachkräfte bildet die Deutsche Bundesbank schon seit den 1980er Jahren in einer eigenen Hochschule auf Schloss Hachenburg in Rheinland-Pfalz aus. Dort kann der eigene Nachwuchs und künftige Mitarbeiter der Bankenaufsicht bis zu einem Bachelor-Abschluss geführt werden.

Der €uro von heute ist nicht die Mark von gestern! Anders als die Deutsche Bundesbank zu Zeiten der Deutschen Mark, muss die Europäische Zentralbank die Volkswirtschaften aller €uro-Länder bei ihren Entscheidungen berücksichtigen. Das E-be, welches die Bundesbank an die Europäische Zentralbank weitergeben konnte, ist ihr Vorbild der strikten Unabhängigkeit. Doch gerade in der €uro-Krise ziehen sich die Deutschen innerlich immer mehr aus dem Projekt Europa zurück. Man trauert den alten Zeiten der Deutschen Mark und der mächtigen Deutschen Bundesbank nach, aber kommen werden diese Zeiten so nicht wieder.

11.5 Federal Reserve System —Eigentlich nicht gewollt, doch heute unersetzbar—

Bis zu Beginn des 20. Jahrhunderts muss man sich das junge US-amerikanische Bankensystem wirklich so vorstellen, wie man es in allerlei Westernfilmen gezeigt bekommt. Überfälle, Raub, Mord, Betrügereien, bei denen Bankkunden übers Ohr gehauen werden; Bankenzusammenbrüche bei denen Sparer Geld und Rente verlieren; ein Bankensystem das schwankende Depositenbanken nicht stützen konnte, was zu Panikabhebung führte, all das war regelrecht an der Tagesordnung. Es war den Banken in den USA bis dahin auch nicht möglich, sich institutionalisiert zu refinanzieren, etwa durch Hergabe von angekauften Handelswechseln oder Wertpapieren. Wie so oft bei der amerikanischen Gesellschaft war der Glaube an die selbst regulierenden Kräfte der Wirtschaft stark und die Vorstellung, sich irgendeiner regulierenden Behörde unterwerfen zu sollen den Menschen zutiefst zuwider.

Zwei Anläufe hatte es bereits gegeben, ein Zentralbanksystem zu errichten. Sie sind an politischen Glaubenskriegen gescheitert, wie die Weltöffentlichkeit sie jüngst beim Kampf um die Gesundheitsreform in den USA erlebt hatte. Im Oktober 1907, wie immer gerne mal im Herbst, kam es während einer ohnehin schon rezessiven Wirtschaftsphase in den USA zum Zusammenbruch der damals drittgrößten Treuhandgesellschaft in New York, der Knickerbocker Trust Company. Zu jener Zeit bunkerten die provinziellen Regionalbanken ihre Liquiditätsreserven bei anderen New Yorker Banken. In ihrer Panik begannen die Menschen, landesweit von ihren Banken Geld abzuziehen, die es sich ihrerseits wieder von New Yorker Banken holten. Schnell fehlte es schlicht an Liquidität. Erst durch ein Ankaufprogramm von Staatsanleihen durch den Bankier J.P. Morgan und weiterer von ihm motivierten Bankiers, konnte die Krise eingedämmt werden. Nach dieser schlimmen Wirtschaftskrise unternahm der Kongress, gegen den Widerstand der Regierung, einen dritten Anlauf zu einer Gesetzesinitiative für ein institutionalisiertes Zentralbanksystem und eine Finanzaufsicht. Dieses Gesetz sollte erst sechs Jahre und viele schlimme Politschlachten später, am 23. Dezember 1913, zur Gründung des Federal Reserve Systems (Fed) führen.

Wie bitter jenes Kongressgesetz für den amtierenden Präsidenten Woodrow Wilson war, zeigt ein Zitat aus seiner Rede zum Federal Reserve Act: „Ich bin ein überaus unglücklicher Mensch. Ich habe mein Land unabsichtlich ruiniert. Eine großartige Industrienation wird kontrolliert von seinem Kreditsystem. Unser Kreditsystem ist zentralisiert. Das Wachstum der Nation und alle unsere Aktivitäten sind daher in der Hand weniger Männer. Es ist dazu gekommen, dass wir eine der am schlechtesten regierten, eine der am umfassesten kontrollierten und fremdbestimmten Regierungen in der zivilisierten Welt geworden sind, nicht mehr länger eine Regierung mit freien Auswahlmöglichkeiten, nicht mehr länger eine Regierung mit eigenem Urteilsvermögen und der Stimme einer Mehrheit, sondern eine Regierung nach dem Befinden und genötigt von einer kleinen Gruppe beherrschender Männer." Wilson meinte damit den Board of Governors des Fed. Präsident Wilsons Rede hörte sich an, als seien die Vereinigten Staaten von Amerika, von einem das Land peinigenden fremden Kriegsherrn überrommen worden. Allein die Vorstellung, die freien Entscheidungsmöglichkeiten einer Regierung in Sachen Geld einzuschränken und das kapitalistische Bankensystem auch nur irgendeiner Art von Kontrolle zu unterwerfen, war und ist für viele Amerikaner Verrat an den grundlegenden Werten und der verfassungsmäßig gottgewollten Ordnung ihres Landes. Der Glaube an die selbstregulierenden Kräfte ungehemmter Märkte bleibt bis heute, und trotz aller nachfolgenden Wirtschaftskrisen, eine stark ausgeprägte Vorstellung in der amerikanischen Gesellschaft.

Abbildung 16
Federal Reserve System Washington C.C.

Was der Kongress geschaffen hatte, war nicht nur eine Zentralbank, sondern auch eine Aufsichtsbehörde über das US-amerikanische Bankensystem. Die politischen Auseinandersetzungen waren deshalb so hart, weil sich die amerikanische Finanzindustrie keinerlei Kontrolle unterwerfen wollte. Von Anfang an war die Fed in ihren Entscheidungen zwar unabhängig von den Weisungen des Präsidenten und seiner

Regierung, aber dem Kongress gegenüber verantwortlich in ihrem Tun und Lassen. Gleichwohl soll die Fed sich grundsätzlich an die wirtschaftlichen und finanzpolitischen Rahmenziele einer Regierung halten. Daher spricht man davon, die Fed sei „unabhängig innerhalb der Regierung".

Getragen wird das Fed-System von seinen Mitgliedsbanken, die zwangsweise oder freiwillig dem Fed-System angehören. Die Führung der Fed bestimmt allerdings der Präsident der Vereinigten Staaten mit Zustimmung des Senats. Zwar werden die Einlagen der Mitglieder des Fed zu sechs Prozent verzinst, ein eventueller Gewinn des Fed wird jedoch an das US-Finanzministerium abgeführt. Das waren im Jahr 2003 zum Beispiel immerhin 22 Milliarden Dollar. Bei diesem Konstrukt spricht man daher von einer gemischten privaten und staatlichen Trägerform.

Das Federal Reserve System ist primär eine regionale Organisation, mit lediglich einer Koordinierungsstelle in Washington D.C. Es gibt zwölf operierende regionale Fed-Banken. Deren Zentralen befinden sich in Boston, New York City, Philadelphia, Cleveland, Richmond, Atlanta, Chicago, St. Louis, Minneapolis, Kansas City, Dallas und San Francisco mit insgesamt 25 Zweigstellen. Die lokalen Fed-Banken handeln ausschließlich innerhalb ihrer Zuständigkeitsgebiete und auch nur im Inland. Allein der Federal Reserve Bank of New York City sind geschäftliche Operationen mit dem Ausland erlaubt. Sie nimmt nicht nur daher innerhalb des Fed-Systems eine Sonderstellung ein.

Der Hauptsitz des Fed-Systems in Washington D.C. beherbergt das Board of Governors, welches aus sieben Mitgliedern und seinem Präsidenten besteht. Gewöhnliche Boardmembers werden für eine vierzehnjährige Amtszeit bestimmt, ohne die Möglichkeit einer Wiederwahl. Wird ein Boardmember jedoch vorzeitig ersetzt, kann dessen Nachfolger für die Restlaufzeit nochmal mit einer vollen Amtsperiode gewählt werden. Sowohl der Chairman als auch der Vice Chairman werden, in Abweichung dessen, für eine vierjährige Amtsperiode bestimmt, können aber immer wieder gewählt werden. Wegen dieser mitunter außerordentlich langen Amtsperioden, wirkt es in Einzelfällen immer wieder mal so, als würden Boardmembers ewig im Amt sein. Besonders hat sich dieses Bild an der Person von Alan Greenspan eingeprägt. Er präsidierte das Fed-System sogar von 1987 bis 2006. Seine Amtszeit überdauerte vier US-Präsidenten. Greenspans stets fast regungsloses aber reichlich faltiges Gesicht und die scheinbar trüb dreinblickenden Augen machten ihn zum perfekten Pokerface bei öffentlichen Sitzungen und Stellungnahmen. Heerscharen von Journalisten versuchten vergeblich, aus diesem Gesicht die innere

Haltung des Fed-Präsidenten zu seinen sachlichen Aussagen abzuleiten, ergebnislos.

Mächtigstes Entscheidungsgremium ist allerdings das *Federal Open Market Comittee (FOMC)*, das sich aus dem Präsidenten des Fed, den sieben Mitgliedern des Board of Governors und vier Präsidenten von elf lokalen Feds, die sich jährlich rotierend abwechseln, zusammensetzt. Dazu kommt der Präsident des Fed of New York, der aber einen ständigen Sitz im FOMC hat. Das ist die andere wesentliche Sonderheit des Fed of New York innerhalb des Systems.

Die Hauptaufgaben des Fed sind, das Funktionieren des amerikanischen Zahlungssystems sicherzustellen und die Ausgabe und den Umlauf von Bargeld in Noten und Münzen zu regulieren. Weiterhin betreibt das Fed die Überwachung und Regulierung des Bankenwesens, nicht aber der Börsen und des Wertpapiergeschäfts. Für Letzteres ist die *Security Exchange Commission (SEC)* verantwortlich. Auch tummeln sich in Fragen der Aufsicht von Finanzdienstleistern noch weitere Behörden in Amerika, die teilweise konkurrierend arbeiten. So unterliegen die nationenweit agierenden Banken auch dem „*Office of the Comptroller of Currency (OCC)*". Nur die, ausschließlich in einzelnen Bundesstaaten operierenden Banken, sogenannte State Banks, und andere Nichtmitgliedsbanken des Fed, werden von der „*Federal Deposit Insurance Corporation (FDIC)*" kontrolliert. Bausparkassen (Thrift banks) und Savings and Loan Associations schließlich sind Gegenstand der Kontrolle durch das „*Office of Thrift Supervision*". Eine allumfassende Aufsicht, die einen Gesamtüberblick über alle Finanzinstitute hätte, gibt es in Amerika nicht. Nicht einmal das Fed kennt alle Risikofaktoren der nationalen Finanzwirtschaft.

Weiterhin versorgt das Fed seine Mitgliedsbanken über Lombardkredite mit Liquidität und hat dafür zu sorgen, dass die Banken eine ausreichende Kapitalausstattung zur Verlustbegrenzung besitzen. Sie ist die Bank der US-Bundesregierung und Beauftragter der Steuerbehörden (US-fiscal agent) und hat den nationalen Konjunkturbericht zu erstellen. Seit 1981 ist es dem Fed erlaubt, Staatsschuldtitel zu erwerben und damit die Regierung zu finanzieren. Das Fed betreibt natürlich insbesondere Geldpolitik, wofür ihm Instrumente wie Offenmarktgeschäfte und die Festlegung von Diskont- und Mindestreservesätzen zur Verfügung stehen. Grundsätzlich entsprechen die geldpolitischen Ziele dem klassischen Magischen Dreieck: Vollbeschäftigung — Preisstabilität — moderate Langfristzinsen.

Weder gehören dem Fed die US-Goldreserven, noch lagert es wesentliche Teile davon in seiner Verantwortung. Durch eine Regierungsanordnung von Präsident Franklin D. Roosevelt wurde in

Amerika ab 1933 der private Besitz von Gold vorübergehend verboten. Gegen eine Entschädigung in US-Dollarnoten wurden alle Goldbestände eingezogen und kamen in den Besitz der US-Steuerbehörde, also der Bundesregierung. Wegen des enormen Zustroms von physischem Gold war die Regierung gezwungen, einen sicheren Aufbewahrungsort zu errichten. So entstand das United States Bullion Depository, weithin bekannter als Fort Knox. Dort lagern heute ungefähr 147,2 Millionen Unzen Feingold oder ca. 4 578 metrische Tonnen. In einem unterirdischen Tresor des Fed of New York dagegen lagern rund 225,1 Millionen Unzen Feingold oder etwa 7.716 metrische Tonnen. Freilich ist der größte Teil des bei der Fed of New York gelagerten Goldes im ausländischen Besitz, so etwa ein Teil des Goldschatzes der Bundesrepublik Deutschland. Der Grund dafür liegt in einer Eigenheit des angelsächsischen Rechts. Darin kann man ein Pfandrecht nur an einer physisch existenten Sache erwerben und man muss für die Wirksamkeit des Rechts das Pfand in seinem Besitz haben. Viele Staaten, die sich in Amerika Geld leihen, hatten in der Vergangenheit als Sicherheit daher einen Teil ihrer Goldreserven bei der Fed of New York lagern müssen. Diese Geschäftspraktiken haben heute an Bedeutung verloren. Sie zeigen allerdings exemplarisch, wie die regionalen Fed-Banken tatsächlich operieren.

Im Laufe seiner kaum einhundertjährigen Geschichte ist das Fed für seine Politik immer wieder scharf kritisiert worden. So sei das Fed deshalb an dem verheerenden Börsencrash von 1929 schuld gewesen, weil es zu lange eine Politik niedriger Zinsen betrieben habe. Das ist eine deutliche Parallele zur aktuellen Finanzkrise. Ganz anders als Deutschland, das in den 1920er und 1930er Jahren ein Trauma der Geldentwertung durch Hyperinflation erlebte, hat sich in das kollektive Gedächtnis der Amerikaner die Große Depression der 1930er Jahre eingegraben. Auf die Ersparnis- und Vermögensverluste aus dem Börsencrash folgten Massenarbeitslosigkeit, massive Einkommensverluste bis zu 60 Prozent, Hungersnöte und die Verelendung weiter Bevölkerungsschichten. Weil der Ausweg aus dieser Krise staatliche Wirtschaftsankurbelung war, glauben die Amerikaner, besonders mit billigem Geld und massiven Konjunkturprogrammen einer Wiederholung solcher Krisen entgegensteuern zu können.

Besonders in der langen Amtszeit von Alan Greenspan wurde die Zins- und Kreditpolitik des Fed immer leichter. Billiges Geld verursachte aber letztlich die jüngste Finanzkrise stark mit. Jeder konnte alles Mögliche kaufen. Selbst Geringverdiener leisteten sich ein eigenes Haus und die Banken drehten immer größere und immer schnellere Finanzräder zur scheinbaren Optimierung ihrer Gewinne. Als dann alles zusammenbrach und die Wirtschaft erneut in eine Rezession abzurutschen drohte, war die Wahl der Mittel noch billigeres Geld. Heute operiert die Fed, wie andere wichtige Zentralbanken auch, an der Nullzinsgrenze. Jedenfalls erleichtert die Konstruktion des Fed diese Politik. Auch auf Kosten unabsehbarer Staatsverschuldung, da das Fed Staatstitel aufkaufen und so schier unbegrenzte Geldmittel der Regierung zur Verfügung stellen kann. So steht sich die Schulden- und Geldpolitik Europas und Amerikas heute mehr denn je unversöhnlich gegenüber. Die Fed aber wird nur die nationalen Interessen vertreten. Sie kann nicht anders, es ist ihre ureigenste Bestimmung.

11.6 Nippon Ginko The Bank of Japan —Vollstrecker des Finanzministeriums in Geldsachen—

Wer sich in Japan nach modernen Strukturen und Institutionen, zumindest nach den Vorstellungen der westlichen Welt, umsieht, muss sich immer über die Bedeutung des Jahres 1854 für das Land klar sein. Es war das Jahr, in dem eine vierschiffige amerikanische Kriegsflotte unter Führung des Admirals Matthew Perry widerstandslos in den Hafen von Edo, dem heutigen Tokyo, einlaufen konnte. Der amtierende US-Präsident Millard Fillmore forderte die Regierung der herrschenden Tokugawa Familie auf, in den Handel mit den USA einzutreten. So endete eine über zweihundertfünfzigjährige Herrschaft des lokalen Kriegsadels und Japan wurde unter den Meiji-Kaisern in die Moderne katapultiert. Keine moderne Institution Japans kann mithin früher als 1854 entstanden sein.

Das gilt auch für Nippon Ginko, wie die Bank of Japan (BoJ) in der Landessprache „nihongo" heißt. Da Japan viele westliche Strukturen adaptierte, entstand, nach einigen schwierigen Vorläufen, mit dem Bank of Japan Act am 10. Oktober 1882 gleich eine Zentralbank mit direktem Notenausgabeprivileg. Gewachsene historische Strukturen, wie man sie aus Europa kennt, waren hierbei nicht zu beachten. Die Bank of Japan ist eine juristische Person. Die Kapitalausstattung liegt zu 55 Prozent bei der japanischen Regierung und zu 45 Prozent im Privatsektor. Nominal beträgt das Kapital der Bank of Japan 100 Millionen Yen. Das sind nach aktuellem Umrechnungswert zwar „nur" etwa 735 000 €uro. Im Laufe der Jahre haben Reserven aber das Kapital auf über 2,741 Billionen Yen, also etwa 19,860 Milliarden €uro anwachsen lassen, so jedenfalls zum Ende des Fiskaljahrs 2013. Zunächst durfte die BoJ nur inlandsbezogene Aufgaben wahrnehmen. Für den Außenwirtschaftsverkehr war bis zum 1. Mai 1942 „Tokyo Ginko" die Bank of Tokyo zuständig.

Obwohl Amerika und Europa in vielerlei Hinsicht Vorbilder für das moderne Japan geliefert haben, wäre es gleichwohl völlig falsch, sich das gesellschaftliche und politische Leben in Japan ähnlich etwa dem europäischen Alltag vorzustellen. Das hat auch immense Auswirkungen auf die Bank of Japan. Die Aktionen der Bank of Japan werden stets eng mit den Vertretern der jeweils amtierenden Regierung abgestimmt. Das lässt sich am entsprechenden Zentralbankgesetz ablesen. Da heißt es beispielsweise im Artikel 3.1, die Autonomie der BoJ in Sachen Währungs- und Geldpolitik würde respektiert. Aber gleich im darauf folgenden Artikel 4 schränkt das Gesetz diese Autonomie wieder stark ein. Denn die BoJ müsse bei ihren Entscheidungen die allgemeine Wirtschaftspolitik der Regierung berücksichtigen und sich stets eng mit der Regierung ins Benehmen setzen. Abgesehen davon kann die BoJ nicht einmal interne organisatorische Entscheidungen oder Beschlüsse über ihr Eigenkapital ohne Zustimmung der Regierung fällen.

Gesteuert wird die BoJ vom mächtigen Finanzministerium, das in Japan eine herausragende Bedeutung für die Lenkung der gesamten nationalen Wirtschaft hat. Man muss wissen, das in Japan eine, für den Westen seltsame, Gemengelage von Regierung, staatlichen Institutionen wie der BoJ und großen Konzernen existiert, die zumindest in Sachen Wirtschaft und Finanzen unter der Führung des Finanzministeriums eine strikte nationale Interessenpolitik formuliert und durchsetzt.

Abbildung 17
Bank of Japan Tokyo

Das spiegelt sich auch in den Strukturen der BoJ wider. Sie ist sehr zentralistisch organisiert und hat im Lande neben der Zentrale noch 32 sogenannte Filialen. Aber alle Entscheidungsträger sitzen ausschließlich in der Tokyoter Zentrale, sodass man die Filialen getrost als lokale technische Abwicklungsstellen bezeichnen kann. Geführt wird die BoJ von einem sogenannten Lenkungsrat (Policy Board nach Artikel 14 und 15 des BoJ Act). Dieser besteht aus neun Personen, die für eine Periode von fünf Jahren vom Kabinett mit Zustimmung beider Parlamentskammern ernannt werden. Der Kreis dieser Personen bestimmt aus seiner Mitte den Gouverneur und zwei Stellvertreter. Der Gouverneur ist also eher ein Sprecher, ein primus inter pares, als ein

Richtliniengeber eigenständiger Geld- und Währungspolitik. Das Board entscheidet unter anderem vor allem über die Höhe der Zentralbank-Diskontrate, Lombard-Kreditkonditionen, Mindestreserven und Maßnahmen zur Finanzmarktkontrolle. Ausdrücklich ist es der BoJ in den Artikeln 37 und 38 des BoJ-Act erlaubt, im Falle einer Liquiditäts-krise von Finanzinstitutionen diesen auch ungesicherte Darlehen zur Überwindung ihrer Situation zu geben. Der BoJ-Act lässt in Artikel 19 die Teilnahme eines Vertreters der japanischen Regierung an den Sitzungen des Board zu. Diesem Regierungsvertreter ist es insbesondere erlaubt, Meinungen und Ansichten zu äußern und er darf sogar Vorschläge in Sachen Geldpolitik einbringen (Artikel 19.2 BoJ-Act), worüber das Board dann auch abzustimmen verpflichtet ist.

Das Gesetz definiert klar die Aufgaben der BoJ. Dazu zählt nicht die Aufsicht über das nationale Finanzwesen. Diese liegt bei der Financial Services Agency, eine Behörde eines eigens dafür existierenden Ministeriums. Natürlich ist einer der Hauptaufgaben der BoJ die Notenausgabe. Aber bereits bei dieser Aufgabe muss sich die Zentralbank im Rahmen einer durch das Finanzministerium festgelegten Obergrenze bewegen. Des Weiteren ist die BoJ die Bank der Banken Japans, ganz im Sinne des lenders of last resort, also des letzten möglichen nationalen Geldgebers. Das geht einher mit der Aufgabe, Schuldverschreibungen und insbesondere Wechsel privater und öffentlicher Emittenten anzukaufen bzw. damit zu handeln und so Liquidität für die Wirtschaft zu schaffen. Gerade die Finanzierung mit Wechseln hat in Japan im Vergleich zu anderen OECD-Ländern eine noch sehr herausragende Bedeutung. Darüber hinaus gibt die japanische Zentralbank der Regierung wie selbstverständlich Kredite und, man ahnt es schon, die Grenzen der Kreditvergabe werden nicht vom Lenkungsrat der BoJ bestimmt. Als Instrumente für ihr Handeln stehen der BoJ die Bestimmung eines Diskontsatzes zur Verfügung, der vor allem Bedeutung für die Liquiditätsbeschaffung der Banken im Land hat. Weiter betreibt die BoJ Offenmarktpolitik, wo die hier bereits erwähnte Stärke im Wechselgeschäfte wichtig ist. Auch bestimmt die BoJ die Sätze der Mindestreserve. Dessen Bedeutung hat in Japan, wie auch in anderen Ländern, die diesen geldpolitischen Steuerungs-mechanismus kennen, in den letzten Jahren aber graduell eher abgenommen.

Eine wesentliche Aufgabe der BoJ ist auch die Sicherstellung von Geldflüssen zu und von der Regierung. Das funktioniert in beide Richtungen. Nicht nur bei der Steuererhebung. Beispielsweise sorgt die BoJ auch für eine reibungslose Auszahlung etwa von monatlichen Pensionszahlungen.
Schließlich spricht die BoJ Empfehlungen zum Wachstum des Kreditvolumens aus, sogenannte „madoguchi shido". Das lässt sich aber

nicht direkt mit den Geldmengenkorridoren etwa des amerikanischen Federal Reserve System oder der Europäischen Zentralbank vergleichen. Man muss die madoguchi shido vielmehr als ein Signal verstehen, wo sich der nationale wirtschaftliche Zug hinbewegen soll. Neben diesen Aufgaben gehört auch das Melde- und Berichtswesen sowie die Erstellung der japanischen Zahlungsbilanzstatistik dazu. Fast schon am Rande führt die BoJ wenn nötig auch Devisenmarkt-interventionen durch und hat für die Sicherung der Geldwertstabilität zu sorgen.

In den Zeiten des Weltwährungssystem von Bretton-Woods mit seinen stabilen Wechselkursen war die Arbeit der BoJ mehr von Verwaltung als von Gestaltung geprägt, wie in allen anderen Ländern dieses Systems auch. Nachdem Bretton-Woods 1973 von Präsident Richard Nixon aufgekündigt war, nahm die japanische Regierung starken Einfluss auf die Entscheidungen der Zentralbank. Die allgemeine Wirtschaftspolitik führte zu hohen Inflationsraten, in der Spitze bis zu 23 Prozent.

Später, in den 1990er Jahren, wurde Japan Opfer einer selbst gebastelten Immobilienkrise, von der sich das Land im Prinzip bis heute nicht erholt hat und seitdem in andauernder Depression dahin dümpelt. Es wurden unzählige Versuche unternommen, mit Kreditmitteln die nationale Wirtschaft dauerhaft in Schwung zu bringen, ohne jeden durchschlagenden Erfolg. Heute gehört Japan zu einem der am höchsten verschuldeten Länder der Welt, allerdings mit einem gewichtigen Unterschied. Es gibt kaum nennenswerte Auslands-schulden. Vielmehr hat sich die Regierung bei ihren eigenen Landsleuten verschuldet und das für eine sehr lange Zeit. So bleibt die anhaltende japanische Wirtschaftsmisere in erster Linie eine nationale Angelegenheit, während Produktion und Export weiterhin recht gut funktionieren und nach wie vor reichliche Devisenreserven in die Kassen des Landes spülen. Doch der Bank of Japan fehlt die tatsächliche Stärke, Geld- und Kreditpolitik wirklich unabhängig von der Regierung zu betreiben und dem tagespolitischen Geschehen damit langfristige Maßstäbe zu setzen.

11.7 Banque Central du Luxembourg —Eine junge Institution des Landes—

Voilà, seit dem 1. Juni 1998, zeitgleich mit der Gründung der Europäischen Zentralbank, hat das Großherzogtum Luxemburg auch eigens eine Zentralbank, die diese Bezeichnung in ihrem Namen trägt. Scheinbar eine der jüngsten Zentralbanken der Welt. Letztlich schon deswegen als solche gegründet, weil das System des €uro, als gemeinsamer europäischer Währung, voraussetzt, dass ein jedes Mitgliedsland eine eigene Zentralbank hat. Dabei ist es ja nicht so, dass es nicht schon eine zentralbankähnliche Institution in Luxemburg gegeben hätte. So wurde 1856 mit der Banque International à Luxembourg ein Finanzinstitut gegründet, das auch das Recht zur Notenausgabe hatte. Heute ist diese Bank in der Dexia Bank aufgegangen, einem Kreditinstitut mit Hauptsitz in Brüssel, das sich überwiegend mit der Finanzierung der öffentlichen Hand beschäftigt. Mit den politischen Entwicklungen im 19. Jahrhundert ging dann 1873 die Gründung der Banque Nationale du Grand-Duché de Luxembourg einher. Diese Bank hatte nicht nur das Recht auf Notenausgabe in einer Währung, sondern sogar auf drei. Zunächst in Thalern und Francs, später auch in Mark. Sicherlich im Europa der damaligen Zeit ein einmaliger Vorgang. Doch bereits 1881 wurde die Funktion der Banque Nationale wieder beendet. In 1914 wurden die Banknoten der Banque Internationale à Luxembourg schließlich gesetzliches Zahlungsmittel. In einem großherzoglichen Erlass von 1918 ist erstmals von einem „Luxembourger Franc" die Rede.

In der weiteren Entwicklung schließt sich das Großherzogtum mit Belgien zu einer Wirtschaftsunion zusammen und es gibt eine feste Wechselkursparität zwischen Belgischem und Luxemburger Franc. Ab 1935 werden belgische Noten und Münzen gesetzliches Zahlungsmittel und so bleibt es fortan, bis ab dem 1. Januar 1999 der €uro zunächst als Buchgeld und ab dem 1. Januar 2002 schließlich auch als Bargeld die alten Währungen im Euroland ablöst.

Für eine Zeit hatte das Großherzogtum Luxemburg seine Souveränität über die eigene Währung zunächst in belgische Hände gelegt. Heute ist ein Teil dieser nationalen Währungssouveränität in den Händen der Europäischen Zentralbank (EZB). Gleichwohl gibt es ein sogenanntes System der Zentralbanken. Nach Artikel 1 der Satzung des Europäischen Systems der Zentralbanken bilden die Europäische Zentralbank und die nationalen Zentralbanken das €uro-System. Es ist grundsätzlich dezentral angelegt. Das bedeutet, bestimmte Aufgaben innerhalb des €uro-Systems werden von der EZB wahrgenommen, andere Aufgaben dagegen wiederum von den nationalen Zentralbanken. Es waren also die europäischen Verträge über die Bildung des €uro-

Systems, welche in Luxemburg zu der Notwendigkeit führte eine nationale Zentralbank zu gründen. Im Rahmen des €uro-Systems nimmt die Banque Centrale du Luxembourg die ihr obliegenden Aufgaben einer Zentralbank wahr. Luxemburg, welches im Laufe seiner Geschichte immer wieder verschiedene Mächte in sein Land hat hineinlaufen und, Gott sei Dank, auch wieder herauslaufen sehen, betrachtet den Erhalt seiner Souveränität auch und vor allem in Geldsachen durch nichts besser gewährleistet als durch eine feste Verankerung in ein System verbindlicher europäischer Verträge. Insofern ist nicht nur in wirtschaftlicher Hinsicht, sondern auch politisch der €uro für Luxemburg eine sehr segensreiche Einrichtung. Da macht es nichts, wenn man einen Teil der eigenen Währungssouveränität an eine europäische Institution abgegeben hat.

Abbildung 18
Banque Centrale du Luxembourg

Ohne auf eigene traditionelle Vorbilder rückblicken zu müssen, konnte die neue Zentralbank ganz nach den Erfordernissen des Europäischen Währungssystems strukturiert werden. So wird die luxemburgische Zentralbank von einem Executive Board geleitet, dem ein Generaldirektor und zwei Stellvertreter vorstehen. Diese werden auf Vorschlag der Regierung vom Großherzog für eine Amtsperiode von sechs Jahren ernannt, wobei eine Wiederwahl möglich ist. Die Amtsperiode ist keinesfalls willkürlich bestimmt. Denn in Artikel 14

Absatz 2 der Satzung des Europäischen Systems der Zentralbanken ist festgelegt, dass die Amtszeit des Präsidenten der nationalen Zentralbank mindestens fünf Jahre betragen muss. Neben dem Executive Board gibt es einen Rat (Council), zu dem neben den Mitgliedern des Executive Board noch weitere sechs Mitglieder von der Regierung, ebenfalls mit einer Amtsperiode von sechs Jahren, bestimmt werden. Der Generaldirektor führt den Rat.

Die Banque Centrale du Luxembourg, deren Kapital zu einhundert Prozent im Besitz des Staates ist, nimmt die typischen Aufgaben einer nationalen Zentralbank im €uro-System wahr. Dazu gehört, in Abstimmung mit der EZB, die Bestimmung und Durchführung der Geldpolitik und die Durchführung von Deviseninterventionen, falls dies sich als notwendig erweisen sollte. Selbstverständlich verwaltet die Zentralbank die nationalen Devisen- und Goldreserven des Landes. Die belaufen sich auf ca. 597 Dollar pro Kopf der Bevölkerung. Das scheint erstmal nicht viel zu sein, verglichen etwa mit den 1.189 Dollar auf jeden Deutschen und 1.182 Dollar für jeden Franzosen. Ist aber immerhin mehr als die 593 Dollar für jeden Chinesen und, man staunt nicht schlecht, immerhin mehr als doppelt so viel wie die 279 Dollar für jeden Amerikaner. Was mit der Mitgliedschaft im System der Europäischen Zentralbanken auf jeden Fall einher geht, ist die Aufgabe ein funktionierendes Zahlungsverkehrssystem sicherzustellen.

Nicht zu den Aufgaben der Zentralbank gehört die Aufsicht über den wirtschaftlich in Luxemburg so wichtigen Finanzsektor. Dies wird von der Commission de Surveillance du Secteur Financier, die auch die Aufsicht über die Börse wahrnimmt, erledigt. Das bedeutet aber nicht, dass die Zentralbank an bestimmten Aufsichtsaufgaben nicht eine Teilhabe hat, besonders da, wo es um die Sicherstellung des Zahlungsverkehrssystems geht. Selbstverständlich ist die Zentralbank in eine Reihe statistischer Aufgaben eingebunden und betreibt volkswirtschaftliche und geldpolitische Forschungsarbeit. Denn die Zentralbank ist ein wesentlicher Ratgeber für die Regierung, den Gesetzgeber und die Finanzaufsicht in allen Belangen und Fragen über Geld und Finanzen. Schließlich gehört auch die Ausgabe von Banknoten und Münzen, sowie die Regulierung des Umlaufs derselben zu ihrem Aufgabenbereich.

Die Banque Centrale du Luxembourg betont immer wieder selbst, wie eng ihre eigene Konstitution an den Europäischen Verträgen ausgerichtet ist. Das gilt auch und insbesondere für ihre Unabhängigkeit und die ihrer Organe. Der Artikel 7 der Satzung des Systems der Europäischen Zentralbanken, unter Bezugnahme auf den Artikel 130 des Vertrages über die Arbeitsweise der Europäischen Union, stellt ausdrücklich klar, dass weder die EZB noch eine nationale Zentralbank geschweige denn eines ihrer Organe Weisungen von irgendeiner Regierung, einem Organ, einer Einrichtung oder sonstigen Stelle der Mitgliedstaaten der Union einholen oder entgegennehmen darf. Es gibt die Verpflichtung der €uro-Länder, die EZB und die nationalen Zentralbanken bei ihren Aufgaber nicht zu beeinflussen. Das ist auch schon deshalb von besonderer Bedeutung, weil alle Präsidenten der nationalen Zentralbanken gleichzeitig auch stimmberechtigte Mitglieder des Rates der Europäischen Zentralbank sind. Zwar unterliegt die Verteilung der Stimmrechte einem komplizierten Rotationssystem. Dennoch ist jedes Mitgliedsland des €uro ein wesentlicher und integraler Bestandteil des Gesamtsystems. Gerade durch dieses Konstrukt wird die Bedeutung einer nationalen Zentralbank wesentlich in den Focus eines jeden Mitgliedstaates im €uro-Land gerückt. Mehr noch als nationale und europäische Regierung und Parlament ist die Barque Centrale du Luxembourg im tagesgeschäftlichen Geschehen der Interessenwahrer von Luxemburgs Wirtschafts- und Finanzwelt.

11.8 Die Europäische Zentralbank —Europas großes Wagnis der Gemeinsamkeit—

Auch wenn einige Zentralbanken Europas in ihren Ursprüngen wesentlich älter sind, wie etwa die Schwedische Reichsbank oder die Bank of England, das Wesen der modernen Zentralbanken, wie wir sie heute als selbstverständlich kennen, begann sich erst in der zweiten Hälfte des 19. Jahrhunderts zu entwickeln und brauchte für seine Ausreifung über einhundert Jahre. Kurzum, moderne Zentralbanken sind ein Ergebnis der Nachkriegszeit. So wundert es nicht, dass es von der Nationalökonomie kaum Forschung zum Wirken von Zentralbanken gibt, die älter als zwanzig bis dreißig Jahre sind, vielleicht mit Ausnahme der Bancor-Pläne von John Maynard Keynes aus den 1940er Jahren, mit welchem er einen frühen Gedanken an eine einheitliche Weltwährung als Alternative zur Goldpreisbindung entwickelte.

Die Ablösung nationaler Währungen großer Volkswirtschaften zu Gunsten einer gemeinsamen Einheitswährung wie dem €uro ist dennoch ein bis dahin einmaliger Akt der europäischen Länder und gilt vielen immer noch als ein gewagtes Experiment, mehr denn je mit ungewissem Ausgang. Dabei haben gerade die Luxemburger und die Deutschen historisch gesehen am meisten Erfahrungen im Umgang mit vielen Währungen im eigenen Land. Die Luxemburger, weil sie zeitweise im 19. Jahrhundert mit Thalern, Franc und Mark gleichzeitig operierten. Die Deutschen, weil sie im gleichen Zeitraum in ihrer Zollunion auch mehrere Währungen unter einen Hut bringen mussten, bis nach der Gründung des Zweiten Deutschen Kaiserreichs 1871 die Mark Einheitswährung in Deutschland wurde. Doch ist von diesen Erfahrungen bis in unsere Zeit nichts übrig geblieben. Stattdessen stand die Europäische Union vor der Herausforderung, nicht nur viele nationale Währungen abzulösen, sondern auch zwei ziemlich gegensätzliche Zentralbankkulturen unter einen Hut zu bringen.

Da gab es die von den Amerikanern geprägte Kultur größtmöglicher Unabhängigkeit von Weisungen einer Regierung in Sachen Geld- und Kreditpolitik durch die Gremien eines Zentralbanksystems, wie sie in Europa am stärksten bei der Deutschen Bundesbank ausgeprägt war. Dann gab es eine Kultur geschmeidiger Abstimmung zwischen den Interessen einer Regierung und den Zwängen internationaler Geld- und Währungspolitik, die eine Zentralbank verantworten musste, wie sie in Ländern wie Frankreich und Italien gepflegt wurde. Nach der deutschen Wiedervereinigung wurde klar, dass die Dominanz der Deutschen Mark nicht nur für ein weiteres Zusammenwachsen der Europäischen Gemeinschaft hinderlich, sondern der deutschen Wirtschaft auch nicht förderlich war. Gerade die exportstarken Länder haben bisher besonders gut vom €uro profitiert.

So entstand schließlich am 1. Juni 1998 die Europäische Zentralbank mit Sitz in Frankfurt am Main, auf der Basis einer Vielzahl von zwischenstaatlichen Verträgen, aber vor allem aufgrund der Übereinkünfte des Maastricht-Vertrags von 1992. Geschaffen wurde eine supranationale Organisation, die eine eigene Rechtspersönlichkeit darstellt und den Status eines EU-Organs hat, ähnlich dem der EU-Kommission oder des EU-Parlaments. Zusammen mit den nationalen Zentralbanken der Länder, die den €uro als Währung eingeführt haben, bildet die EZB das *Europäische System der Zentralbanken (ESZB)*. Ausgestattet wird die EZB ausschließlich von den Notenbanken aller zur Zeit 28 Länder der Europäischen Union. Das ist bemerkenswert, denn wenngleich auch nicht alle Länder der EU den €uro eingeführt haben, tragen dennoch alle Staaten der EU gemeinsam die EZB.

Abbildung 19
Europäische Zentralbank Frankfurt am Main

Oberstes Beschlussorgan ist der EZB-Rat. Er setzt sich zusammen aus dem Direktorium und den Präsidenten aller Euroländer. Die Verteilung der Stimmrechte erfolgt nach einem komplexen Rotationsprinzip, das darauf hinausläuft, dass zwar jeder nationale Zentralbankpräsident eine Stimme hat, zusammen aber nicht mehr als 15 Stimmrechte Entscheidungen treffen. Dabei geht es vor allem um die Richtlinien der Geldpolitik, die Leitzinssätze und die Bereitstellung von Zentralbankgeld im €uro-Raum. Turnusgemäß kommt der EZB-Rat vierzehntägig zusammen. Der Erweiterte EZB-Rat setzt sich aus den Direktoriums-mitgliedern und den Präsidenten der Zentralbanken aller Länder der

Europäischen Union zusammen. Dieses quartalsmäßig tagende Gremium hat vor allem informellen Charakter. Geführt wird die EZB vom Direktorium. Das Direktorium setzt sich aus dem Präsidenten, einem Vizepräsidenten und vier weiteren Mitgliedern zusammen, welche unter sich einen Chefvolkswirt bestimmen. Ausgestattet mit einer einmaligen Amtszeit von acht Jahren, werden die Direktoriums-mitglieder auf Vorschlag des EU-Parlaments vom Europäischen Rat mit qualifizierter Mehrheit gewählt. Ihre persönliche Unabhängigkeit von Weisungen irgendwelcher Organe oder Regierungen ist, wie die der nationalen Zentralbankpräsidenten, durch Artikel 7 der Satzung des Europäischen Systems der Zentralbanken und der EZB gewährleistet.

Das Hauptziel der EZB ist die Preisniveaustabilität, gemessen an der Inflationsrate und die Unterstützung einer ausgeglichenen konjunkturellen Entwicklung der Länder zur Vermeidung einer Rezession. Daneben hat die EZB typische Aufgaben einer Zentralbank wie die Festlegung der Geldpolitik und die Geldversorgung der Volkswirtschaften, Devisengeschäfte und Verwaltung der Währungs-reserven, statistische Aufgaben und Beratungen. Inzwischen kamen auch noch Aufsichtsaufgaben über die Finanzwirtschaft dazu. Die meisten dieser Aufgaben werden von den nationalen Zentralbanken durchgeführt. Auch die der EZB zur Verfügung stehenden Instrumente sind typisch. Neben der Leitzinsfestlegung für Refinanzierungs-instrumente gehören Offenmarktgeschäfte, Mindestreserve und Devisenmarktinterventionen dazu.

Sehr populistisch erkämpften im Vorfeld der EZB-Gründung die Deutschen den Beschluss, das der Sitz der EZB in Frankfurt am Main sein müsse. Man nahm an, wenn die EZB in Deutschland angesiedelt sei, werde man dort auch schon eine Zentralbankpolitik nach deutscher Kultur machen. Doch es ist nicht der Ort, der eine Politik macht, sondern es sind die Menschen, die eine Institution führen. Die EZB darf eben nicht eine nationale Zentralbankphilosophie vertreten, sondern sie muss die geld- und kreditpolitischen Interessen aller €uro-Mitglieder, ja gar der gesamten Europäischen Gemeinschaft im Auge haben. Kritik, etwa an einer zu weich formulierten Geldpolitik, oder gar an kreditpolitischen Neuerung wie dem Ankauf von Staatsanleihen und der damit verbundenen indirekten Finanzierung von Regierungen, lassen regelmäßig eine Würdigung der Gesamtumstände, mit denen die EZB konfrontiert ist vermissen.

Die aktuelle Staatsschuldenkrise im €uro-Land, die eben nicht eine Krise des €uro ist, wurde von der EZB nicht verursacht. Vielmehr muss die Zentralbank der gemeinsamen Währung €uro pragmatisch mit den tagesgeschäftlichen Auswirkungen dieser Krise zurecht kommen. Dabei darf sie ihr oberstes Ziel nicht aus den Augen verlieren und muss dennoch eine reibungslose Versorgung der €uro-Land-Wirtschaften mit ausreichender Liquidität sicherstellen. Das erfordert Kenntnisse, Erfahrungen, Geschick und Mut. Die Europäische Union gewährleistet dauerhaft den Erfolg ihrer gemeinsamen Währung und der Zentralbank dadurch, indem sie die bestmöglichen Vertreter für diese Aufgaben in die Gremien der EZB entsendet. Allerdings müssen sich diese dann auch von den Traditionen ihrer Herkunft lösen und sich solch titanischen Aufgabe stellen. Resignieren wäre dabei das falsche Zeichen für die Zukunft.

11.9 Die Bank für Internationalen Zahlungsausgleich —Die stille Finanzinstitution mit großer globaler Wirkung—

Zentralbanken gelten als die Bank der Banken ihrer Länder oder auch als die letzte Geldquelle (lender of last resort). Die Europäische Zentralbank (EZB) bildet zusammen mit den nationalen Zentralbanken der €uro-Länder seit 1998 ein Zentralbanksystem. Die EZB ist also die eine Zentralbank des fiktiven €uro-Lands und damit für die gemeinsame Währung €uro die Bank der Banken.

Neben der EZB als einer supranationalen Finanzinstitution für eine Währung, gibt es aber auch zum Beispiel den Internationalen Währungsfonds (IWF). Der IWF, tätig seit 1947, ist ebenfalls eine supranationale Finanzinstitution, hervorgegangen aus dem Weltfinanzabkommen von Bretton-Woods von 1944. Aber beim IWF handelt es sich nicht um eine Zentralbank.

Aus ganz anderen Zusammenhängen heraus entstand viel früher, bereits 1930 die *Bank für Internationalen Zahlungsausgleich (BIZ)* in Basel. Beteiligt waren ursprünglich die Zentralbanken von Belgien, Deutschland, Frankreich und Großbritannien, sowie einige Privatbanken aus Japan und den USA. Ihre Gründung erfolgte ausschließlich für einen einzigen Zweck, die Sicherstellung der deutschen Reparationszahlung aus dem sogenannten Young-Plan infolge des Ersten Weltkrieges.

Doch entfiel dieser Gründungszweck bereits im darauffolgenden Jahr 1931, weil Deutschland wirtschaftlich zu keiner weiteren Reparationszahlung in der Lage war. Dennoch war mit der BIZ eine völkerrechtlich internationale Organisation entstanden, die bis heute in einem eigenen Rechtsstatut als spezialrechtliche Aktiengesellschaft existiert und deren Grundkapital nach wie vor in Goldfranken denominiert ist. Heute können nur Zentralbanken Anteile am Kapital der BIZ halten. Allerdings zählt die BIZ bis zu 120 Zentralbanken zu ihren „Kunden". Überlebt hat die BIZ vor allem deshalb, weil mit ihr eine Plattform geschaffen worden war, auf der Vertreter von Zentralbanken konstruktiv und institutionalisiert miteinander kommunizieren können. Dabei bleibt die BIZ in Basel als Institution eher im Hintergrund. Man will nicht im ständigen Blitzlichtgewitter der internationalen Presse stehen. So sind seit Anfang der 1990er Jahre weitreichende Entwicklungen für das weltweite Finanzsystem und vor allem dessen Risikobeherrschung und Eigenkapitalregeln entwickelt worden. Der breiten Öffentlichkeit sind diese Regelwerke aber nicht in Bezug auf die BIZ bekannt, sondern nur unter dem Namen ihres Dienstsitzes Basel, eben als Basel I, Basel II Basel III. Zusammengefasst nennt man dieses Regelwerk auch den *„Basler Akkord"*.

Neben solchen Neuentwicklungen hat die BIZ weitere konkrete Aufgaben. So spielt sie in ihrer aller ursprünglichsten Aufgabe als Treuhänder von Währungsreserven immer noch eine wichtige Rolle. Sie wird deswegen auch gerne als Bank der Zentralbanken bezeichnet. Inzwischen legt sie auch die, an sich hochliquide gehaltenen Währungsreserven, Rendite erwirtschaftend an. Ebenso vergibt sie Kredite, die allerdings von der Weltbank und dem Internationalem Währungsfonds garantiert werden müssen. Die BIZ ist mithin integraler Bestandteil des Weltwährungssystems. Auch kam es schon vor, dass die BIZ sich an Stützungskäufen für Währungen beteiligte, wenn solche an den Devisenmärkten schon einmal zum Opfer von Spekulationen geworden sind. So hat sich die BIZ im Laufe der letzten achtzig Jahre aus einer singulären Zweckgesellschaft zu einer, für die breite Öffentlichkeit eher unsichtbaren aber, im Hintergrund des globalen Finanzsystems, hochwirksamen Institution entwickelt, für die es heute ohne weiters keinen Ersatz geben würde.

Abbildung 20
Bank für Internationalen Zahlungsausgleich

Im Gegenteil ist das Interesse an der Existenz der BIZ gerade in den letzten Jahren so groß geworden, dass alle wirtschaftlich aufstrebenden Länder ihre Beteiligung an der BIZ sicherstellen wollen und gerne in den verschiedenen Gremien und Fachgruppen mitarbeiten. Das war nicht immer so. Zu Beginn stand die BIZ unter starker Kritik, denn in der Zeit von Nazi-Deutschland galt die BIZ als nazifreundlich und hat so manches Mal dem aggressiven Dritten Reich die ein oder andere Mittelfinanzierung ermöglicht.

Von Anfang an saß Hilters Reichsbankier Hjalmar Schacht, als Präsident der Reichsbank, in den obersten Entscheidungsgremien der BIZ. Schon deswegen und wegen der Bereitschaft der BIZ, dem völkermordenden Nazi-Deutschland auch noch als Hort etwa geraubter Goldschätze zu dienen, wollte insbesondere der amerikanische Finanzminister von US-Präsident Franklin Delano Roosevelt Henry Morgenthau am liebsten die BIZ wieder abschaffen.

Doch es war der Engländer John Maynard Keynes, der sich gegen Morgenthau durchsetzen konnte. So überlebte die BIZ nicht nur Anfeindungen während des 2. Weltkriegs. Nach dem 2. Weltkrieg öffnete sich die BIZ auch osteuropäischen Ländern und verbreitete damit schon früh ihren Wirkkreis und ihre Expertise.

Die BIZ ist auch von ihrer Mitarbeiterstruktur her sehr international aufgestellt. Die derzeit rund 60 Mitarbeiterinnen und Mitarbeiter kommen aus 53 Ländern. Oberstes Entscheidungsorgan ist die Generalversammlung, in der aktuell 56 Zentralbanken und Währungs-behörden stimmberechtigte Mitglieder sind. Wie bei einer Aktien-gesellschaft üblich, entscheidet die Generalversammlung über Jahres-bericht und Jahresabschluss sowie die Gewinnverwendung und die Buchprüfung.

Im neunzehnköpfigen Verwaltungsrat, wird die Geschäftspolitik der BIZ bestimmt sowie deren strategische Ausrichtung festgelegt und die Geschäftsleitung überwacht. Als eine Besonderheit gilt, dass die Präsidenten der Gründungsbanken, sowie der Vorsitzende des Board of Governors der amerikanischen Notenbank ex officio (also aufgrund ihres Amtsmandats) Mitglieder des Verwaltungsrates sind, während die anderen Mitglieder in dieses Gremium hineingewählt werden. Der Verwaltungsrat bestimmt auch die Geschäftsleitung der BIZ. Das ist seit 1948 der Vorsitzende des Verwaltungsrates, der auch gleichzeitig der Präsident der BIZ ist. Daneben gibt es für die Executive einen Generaldirektor, der immer auch der Stellvertreter des Präsidenten ist. Der Generaldirektor wird seinerseits von einem Stellvertreter unterstützt sowie von den Leitern der drei Hauptabteilungen für das

164

Generalsekretariat, die Bankenabteilung, die Währungs- und Wirtschaftsabteilung und den Direktor des Rechtsdienstes.

Besonders an der BIZ ist, dass die Zentralbanker hier ganz unter sich sein können. Keine Regierung, kein Tagespolitiker stört den Gedankenaustausch unter ihnen. Hier finden sie den Platz, über die immer schwieriger werdenden Anforderungen der globalen Finanz- vernetzung nachdenken zu können. Gleichwohl steht die BIZ, besonders seit der letzten Finanzkrise, unter Kritik. An keiner Stelle der Welt liegen mehr und bessere Informationen über das Finanzgeschehen zur Auswertung vor. Die Forscher der BIZ sahen tatsächlich frühzeitig die aufkommenden Probleme, etwa der US-amerikanischen Hypotheken- finanzierung, heranziehen. Warum haben die Zentralbanker, so der Vorwurf, nicht entsprechend früh gegengesteuert? Allein die Erkenntnis über ein mögliches Problem und die Chancen, es im Kontext aller anderen wirtschaftlichen und politischen Aspekte angehen zu können, sind zweierlei Paar Schuh. Man darf auch nicht außer Acht lassen, das die Zentralbanker nicht die gewählten Vertreter der Nationen sind, deren Währungsinteressen sie wahrnehmen. Zentralbanker sind im Idealfall weitestgehend unabhängig von den Weisungen ihrer Regierungen. Sie sind aber auch immer nur einer von vielen Ratgebern einer Regierung.

Wie diese als Einzelne oder im Zusammenspiel mit anderen Regierungen, etwa der G-20-Gruppe, mit solchen Ratschlägen umgehen, wird sich immer nur im Bereich des politisch gerade Machbaren bewegen. Selbst dieses Machbare richtet sich für den Politiker nach innen- und außenpolitischen Gegebenheiten und das ist stets eine fragile Angelegenheit.

Dennoch hat es die BIZ vermocht, mehr als viele andere Institutionen, konkrete Grundlagen für ein modernes internationales Finanzwesen zu erarbeiten. Gerade die Regelungen nach Basel II sind ein revolutionärer Durchbruch im Umgang mit den Geschäftsrisiken von Banken. Erstmals können Risiken nicht nur nach starren Kategorien pauschal berechnet werden. Vielmehr hat das Regelwerk von Basel II es ermöglicht, dass Banken ihre Geschäftsrisiken angepasst an ihr Geschäftsmodell betrachten können. Dabei werden auch risikomindernde Faktoren bei der Berechnung des haftenden Eigenkapitals mit berücksichtigt. Freilich werden die erreichten Fortschritte von Basel II durch die neuen Regelwerke Basel III und Basel IV teilweise wieder zunichte gemacht. Begründet wird dies mit der schwierigen Transparenz und Vergleichbarkeit von Risikostrukturen auch für Ratingunternehmen. Das in der aktuellen europäischen Staatsschuldenkrise immer öfter nach einer verstärkten Eigenkapitalausstattung der Banken gerufen wird, ist von der BIZ schon seit langer Zeit dringend empfohlen worden. Dort hält man eine Mindestkapitalisierung von 8 Prozent der Risikoanlagen für erforderlich. Doch hat es die nationale Gesetzgebung bis heute nicht geschafft, diesen Wert stringent für ihre Kreditwirtschaft durchzusetzen. In Basel jedenfalls werden Entwicklungen weit voraus gedacht, nicht mehr und nicht weniger. Die Bank für Internationalen Zahlungsausgleich kann und darf nicht eine Weltregierung in Sachen Finanzpolitik sein.

12 Einblicke und Ausblicke

Es ist kein Zufall, dass die frühesten Zentralbanken erst im ausgehenden 17. Jahrhundert entstanden. Ihre Gründung und Entwicklung geht einher mit einer zunehmenden Ausdehnung herrschaftlicher Interessensphären. Die ausschließlich agraisch geprägten Wirtschaftsformen des Mittelalters, mit nur wenigen spezialisierten Handwerkern und sehr überschaubarer Handelsvolumina, benötigten schlicht nur geringe Mengen klassischen Münzgeldes um zu funktionieren.

Nach der Entdeckung Amerikas und der tatsächlichen Seewege nach Asien, explodiert der Welthandel in seiner Zeit geradezu. Aber auch die Komplexität der Beziehungen zwischen den nun auf einmal global agierenden Herrscherhäusern nimmt dramatisch zu. Konnte man sich noch vor einigen hundert Jahren bei Angriffen in Burgen zurückziehen, gilt es jetzt auf einmal, die eigenen Interessen wirksam auf offener See zu verteidigen. Das alles benötigt so vorher nie gekannte Ressourcen an Menschen und Material. Und alles will bezahlt werden.

Zentralbanken sind also genau in dem Moment entstanden, als Herrscherhäuser ihre Unternehmungen nicht mehr allein auf der Einkommensbasis fürstlicher Privilegien und mittels Münzgeld finanzieren konnten. Zahlungsversprechen in Form leicht transportierbarer und austauschbarer Form wurde benötigt. Das Papiergeld, in Form von Banknoten, wird geboren. Deren Versprechen braucht aber eine vertrauenswürdige Institution im Hintergrund. So entsteht das heute gängige Bargeldkonzept der Zentralbanken.

Spätestens mit der beginnenden Industrialisierung fangen Zentralbanken an, ihr Aufgabenprofil mehr und mehr zu schärfen. Moderne Staatsorganisationen benötigen moderne Institutionen, die die komplexer werdenden wirtschaftlichen Mechanismen funktional abstützen. Geld, noch vor fünfhundert Jahren gesellschaftlich und religiös durchaus verachtet, aber gleichwohl von Jedermann begehrt, mutiert endgültig zum Schmiermittel von Handel und Wirtschaft, aber auch von Gesellschaft und Politik und benötigt einen gut funktionierenden Regulator.

Zentralbanken zeigen sich, historisch gewachsen, ganz unterschiedlich konstituiert. Anfangs fast ausschließlich Banken privaten Rechts, werden sie spätestens in der zweiten Hälfte des 20. Jahrhunderts verstaatlicht, von einzelnen Ausnahmen abgesehen. Heute reichen Zentralbanken von gemischt staatlichen und privaten Institutionen wie etwa beim amerikanischen Federal Reserve System, bis hin zu einem Verfassungsorgan wie die Deutsche Bundesbank bzw. zu einer supranationalen Institution wie die Europäische Zentralbank. Entsprechend unterschiedlich müssen Zentralbanken mit ihrer Rechenschaft umgehen. Zum Teil sind sie noch privaten Trägern gegenüber verantwortlich, auf jeden Fall aber Regierungen und Parlamenten. Allein die Deutsche Bundesbank als Vorbild, sowie auch die Europäische Zentralbank, haben de facto niemandem gegenüber irgendwelche Rechenschaftsverplichtungen. Weder private noch öffentliche Kapitalteilhaber, Regierungen oder Parlamente und selbst auch ordentliche Gerichte dürfen die Entscheidungen der beiden Zentralbankgremien in irgendeiner Weise beeinflussen. Nur allerhöchste Gerichte können in Einzelfällen überprüfen, ob eine Zentralbank ihre Kompetenzen überschritten haben mag. Auch können die Mitglieder der Zentralbankgremien wegen ihrer Entscheidungen nicht ohne weiteres abberufen werden. Dieser Grad von Unabhängigkeit hinterlässt in der Öffentlichkeit den falschen Eindruck, Zentralbanker verfügten über eine außergewöhnliche Machtposition. Über ihre Funktionen in Sachen Geld hinaus, hat in Wahrheit der Einfluss von Zentralbanken in dem Maße zugenommen, in dem die Politik ihrer gestalterischen Verantwortung nicht mehr ausreichend und schnell genug gerecht wird. Mit der zunehmenden Globalisierung von Kapital und Wirtschaft schwindet die Souveränität nationaler Regierungen, zumindest gegenüber weltweit agierenden Unternehmen und zu denen gehören an aller erster Stelle die Banken.

Den Zentralbanken wird auch schon deswegen immer mehr an wirtschaftspolitischen Entscheidungen überlassen, weil diese viel schneller als die Politik agieren können. Die Konsequenzen von Zentralbankbeschlüssen wirken sich in der Regel recht kurzfristig aus. Damit sind Zentralbanken viel näher an dem Rhythmus des globalen Geschehens in der Wirtschaft, als dass das die Politik, auf der Grundlage demokratischer Entscheidungsprozesse, jemals sein könnte. Darüber hinaus tendieren Regierungen immer mehr dazu, bestimmte Entscheidungsprozesse ganz bewusst auf andere Institutionen abzuwälzen. Das hat einerseits mit der zunehmenden Inkompetenz von Politikern in Wirtschaftssachverhalte zu tun, besonders, was die komplexe Geldwelt betrifft. Andererseits hat es auch mit einer politischen Scheu zu tun, harte und bisweilen auch herzlose Entscheidungen treffen zu müssen. Dazu gehören oftmals Maßnahmen, die beim Wähler nicht gut ankommen und für die man als Politiker ungern persönlich gerade stehen möchte. Da ist es nur zu bequem, die Verantwortung für das Unangenehme auf die scheinbar kalten Bürokraten in Zentralbanken abwälzen zu können, denen freilich in der Regel niemand etwas anhaben kann. In dieser Disziplin, der Abwälzung von politischer Verantwortung an mehr oder weniger anonyme

Behörden, hat es gerade die Politik in den Ländern der Europäischen Union inzwischen zu einer Meisterschaft gebracht.

Dem Ansehen der Zentralbanker in der breiten Bevölkerung hat das bislang keinen Abbruch getan. Im Gegenteil! Von einigen sektiererischen Protestgruppen abgesehen, vertrauen viele Bürger lieber dem Sachverstand ihrer Zentralbanker als der opportunistischen Wankelmütigkeit ihrer eigenen Politiker. Gleichwohl leiden die Zentralbanker unter der sich entwickelnden Situation. Demokratisch nie wirklich direkt legitimiert, sollen sie dennoch die Verantwortung für das finanzielle und wirtschaftliche Wohlergehen einer ganzen Volkswirtschaft tragen. Im Falle der Europäischen Zentralbank sogar gleich für mehrere Dutzend Länder. Das wird ihnen abverlangt, ohne jede Möglichkeit, Einfluss vor allem auf fiskalpolitische Entscheidungen von Regierungen und Parlamenten nehmen zu können.

Sind Zentralbanken also nun eher Sklaven oder sind sie in Wahrheit eher Herren? Die Antwort ist: weder noch! Grundsätzlich sollten Zentralbanken vor allem nur sehr gut funktionierende Sachwalter der modernen Geldfunktion sein. Und das sind sie aber auch, besser denn je in all den zurückliegenden Jahrhunderten seit ihren ersten Gründungen. In den Fokus der Politik sind Zentralbanken erst so richtig in den letzten 25 Jahren geraten. Das hat seine Gründe vor allem in der fortschreitenden Liberalisierung der globalen Finanzmärkte. Für den Big Bang der Margaret Thatcher gilt: „Die Geister, die sie rief, man wird sie nicht mehr los". Seit Ende des 2. Weltkriegs pflegen Politiker weltweit die Schimäre vom unveränderlichen Status Quo, der allenfalls nur mit friedlichen Mitteln und auf der Basis internationaler Abkommen und auch nur sehr partiell verändert werden darf. Seit dem Zusammenbruch von Bretton-Woods und spätestens seit der Deregulierung der Finanzmärkte ist diese politische Regel des Status Quo dem Geld allerdings völlig egal.

Geld kennt keinerlei Grenzen mehr, schon gar nicht nationale. Es fließt dahin, wo es den möglichst höchsten Profit zu erzielen hofft. Dabei spekuliert Geld gelegentlich schon mal gegen ganze Nationen und ist auch in der Lage, solche in Einzelfällen wirtschaftlich tatsächlich zu ruinieren. Geld unterwirft sich nicht wirklich einer wirksamen Kontrolle und nutzt jede noch so kleine und größere gesetzliche Lücke in allen Ländern der Welt gnadenlos für seine Zwecke aus. Geld hat die weitaus qualifiziertere Kompetenz auf seiner Seite. Geld trifft seine Entscheidungen in Sekundenschnelle und braucht inzwischen in vielen Fällen nicht einmal mehr das Votum eines tatsächlich lebenden Menschen dazu. Gleichwohl sorgt Geld dennoch für das Leben und Überleben von Milliarden Menschen, wenngleich es für diesen Zweck extrem ungleich verteilt ist. Geld hat letztlich in den zurückliegenden

Dekaden die allgemeine Wohlfahrt gemehrt. Es hat die agraischen Grundlagen verwirklicht, auf deren Basis die Anzahl der Menschen nicht nur enorm zugenommen hat, sondern auch gleichzeitig der Hunger weltweit bekämpft werden kann. Geld hat viel schneller und wirksamer als jede Regierung es könnte, neue globale Infrastrukturen geschaffen. Über diese können mehr Güter denn je an jeden Punkt der Welt gebracht werden, findet globale Kommunikation und Orientierung statt. Aber Geld entscheidet auch darüber, welche Krankheiten ausgerottet werden und welche weiter Todesopfer fordern können. Geld baut ganze Wirtschaftsimperien zusammen, kann sie aber auch wieder zerschlagen. Geld bestimmt inzwischen wo physische Kriege stattfinden und wann es Zeit ist, miteinander Frieden zu schließen.

Aber *wer* ist das Geld überhaupt? Jedermann und alle. Der Superreiche genauso wie der kleine Sparer. In Europa wie in Amerika, in Asien wie in Afrika und in Australien. Alle sind jederzeit und an jedem Ort die Träger von Geld und dieses Geld ist inzwischen völlig entfesselt. Keine wie auch immer verfasste Demokratie, keine Diktatur, sei sie tyrannisch oder die eines ideologischen Systems, und auch keine Religion wäre heute in der Lage, die Kraft des Geldes wieder in seine Schranken zu verweisen.

Allein die Zentralbanken haben noch die schwache Möglichkeit, auf die schlimmsten Ausschläge des Geldes zu reagieren. In dieser immer schwieriger werdenden Aufgabe liegt zugleich der Einfluss und die Abhängigkeit der Zentralbanken, für die sie eine schwere Verantwortung tragen.

Quellverzeichnis:

Amtsblatt der Europäischen Union Protokoll Nr. 4
Über die Satzung des Europäischen System der
Zentralbanken und der Europäischen Zentralbank
2008

Amtsblatt der Europäischen Union

Aufstieg und Fall des Ivar Kreuger

Eckhardt Wanner
In: Die Bank 11/2009

Aufstieg und Fall von Hitlers mächtigstem Bankier
Hanser Verlag, 2005

Christopher Kopper
Hjalmar Schacht

Bank für Internationalen Zahlungsausgleich 81.
Jahresbericht 2011

Bank für Internationalen
Zahlungsausgleich

Bank für Internationalen Zahlungsausgleich
Kardinäle des Geldes
2010

Harald Schumann
In: Der Tagesspiegel

Beiträge zur Überwachung des Zahlungsverkehrs
der Deutschen Bundesbank
August 2015

Deutsche Bundesbank

Das tragische Ende des Herrn Ivar Kreuger
1961

André Kostolany
In: Die Zeit 1961

Der Bankbetrieb
Gabler Verlag, Wiesbaden, 6. Auflage 1973

Hagermüller/Diepen

Deutsche Bundesbank Research Programme
2014/2015

Deutsche Bundesbank

Die Deutsche Bundesbank Aufgabenfelder,
Rechtlicher Rahmen, Geschichte
2006

Deutsche Bundesbank

Die Dreigroschenoper

Berthold Brecht

Diverse Webauftritte:
Internetseite der Sveriges Riksbank
Internetseite der Bank of England
Internetseite der Banque des France
Internetseite der Deutschen Bundesbank
Internetseite des Federal Reserve System
Inernetseite der Bank of Japan
Internetseite der Banque Centrale de Luxembourg
Internetseite der Europäischen Zentralbank
Internetseite der Bank für Internationalen

Zahlungsausgleich

Duden Oxford Großwörterbuch Englisch – Deutsch 2. Auflage 1999	Werner Scholze-Stubenrechtt, John B. Sykes
Etymologisches Wörterbuch des Deutschen dtv, 4. Auflage	Woflgang Pfeifer (Hrsg.)
Europäische Zentralbank Research Bulletin 22 Summer 2015	Europäische Zentralbank
Federal Reserve System Overview of the FED, Monetary Policy and the Economy, The Fed in the international sphere, Supervision and Regulation, The FED in the US payment system	Internetseite des FED
Grundlagen des Bankgeschäfts 2002, Bankakademie Verlag	Werner Sauter
Her Majestiy's Treasurer Memorandum of Understanding between HM Treasurer, the Bank of England and the Financial Service Authority	Internetseite der Bank of England
Handelsfürsten der Renaissance Schuler Verlag, Stuttgart 1957	Horst Wagenführ
Historische Wechselkurse fxtop.com	fxtop.com
Kreuger Affäre Verwehte Spuren 1956	Der Spiegel 43/1956
Monatsbericht der Deutschen Bundesbank Juni 2013	Deutsche Bundesbank
Monetary and Financial Code Statute of The Banque de France	Banque de France
Observation on the Establishment of the Bank of England 1797	Sir Francis Baring
Tagebücher des Samuel Pepys, vollständige Ausgabe erschienen im Verlag Haffmanns & Tolkemitt 2010	Gerd Haffmanns & Heiko Arntz (Hrsg.)
The Bank of Japan Act, Financial Stability,	Bank of Japan

Functions, Government Services, International Operations, Market Operations, Organisation and Management

The Evolution of Bank Supervision 2012 — Kris James Mitchener & Matthew Jaremski

The Great Crash 1929 — John Kenneth Gailbraith

Währungspolitik 1971, Verlag W. Kohlhammer — Wilhelm Hankel

Währungsreserven ausgewählter Länder Statista Studie 157870 — statista com

Webster's New Encyclopedic Dictionary New York, 1995 — Merriam-Webster

wikipedia: diverse Seiten zur Geschichte von Ländern und Banken — Wikipedia

Wörterbuch für das Bank- und Börsenwesen 4. Auflage 1996 — Hans E. Zahn

Zinsstatisktik der Deutschen Bundesbank August 2015 — Deutsche Bundesbank

Abbildungsverzeichnis:

Abbildung 1 Sachsenpfennig 10. und 11. Jahrhundert (Quelle: wikipedia unter GNU-Lizenz Classical Numimatic Group)

Abbildung 2 Karte der fränkischen Reichsteilung durch die Verträge von Verdun 843 bis Meersen 870 (Quelle: wikipedia gemeinfrei)

Abbildung 3 Samuel Pepys 1666 gemalt von John Hayles National Portrait Gallery London (Quelle: wikipedia gemeinfrei)

Abbildung 4 Johan Wilhelm Palmstruch (Quelle: wikipedia gemeinfrei)

Abbildung 5 John Maynard Keynes und Harry Dexter White auf der Gründungskonferenz des Internationalen Währungsfonds am 8.3.1946 (Quelle: wikipedia gemeinfrei)

Abbildung 6 Mount Washington Hotel Bretton Woods New Hampshire USA (Quelle: wikipedia gemeinfrei)

Abbildung 7 US Bullion Deposit bekannt als Fort Knox im US Bundesstaat Kentucky (Quelle: Flickr Smurfy)

Abbildung 8 100 Billionen Mark Reichsbanknote vom 15. Feb 1924 (Quelle: wikipedia)

Abbildung 9 John Locke (Quelle: Luxemburger Wort)

Abbildung 10 Karte der USA mit den Auswirkungen des Lousiana Purchase (Quelle: wikipedia unter GNU-Lizenz)

Abbildung 11 Hjalmar Schacht Reichsbankpräsident von 1923 bis und von 1933 bis 1939 (Quelle: wikipedia Bundesarchiv)

Abbildung 12 Hauptquartier der Schwedischen Reichsbank Brunkebergstorg Stockholm (Quelle: wikipedia Carl von Blixn gemeinfrei)

Abbildung 13 Bank of England, London innerhalb der Mauern von Threadneedle Street (Quelle: flikr Bank of England)

Abbildung 14 Banque de France Paris Haupteingang (Quelle: wikipedi Adrienne93 gemeinfrei)

Abbildung 15 Deutsche Bundesbank Frankfurt am Main (Quelle: Deutsche Bundesbank)

Abbildung 16 Hauptquatier des Federal Reserve System Washington D.C. (Quelle: wikipedia AFP Saul Loeb GNU-Lizenz)

Abbildung 17 Hauptsitz der Bank of Japan in Tokyo (Quelle: wikipedia gemeinfrei)

Abbildung 18 Banque Centrale du Luxembourg (Quelle: Tageblatt Stefan-Osorio König)

Abbildung 19 Europäische Zentralbank in Frankfurt am Main (Quelle: Europäische Zentralbank New ECB-Premisies CW 2014-04 Ensemble 4183)

Abbildung 20 Verwaltungsgebäude der Bank für Internationalen Zahlungsausgleich BIZ in Basel (Quelle: wikipedia Lizenz Freie Kunst)

Abkürzungen:

d.Ä.	der Ältere
d.J.	der Jüngere
v.Chr.	vor Christi Geburt
n.Chr.	nach Christi Geburt
engl.	englisch
franz.	französisch
dt.	deutsch
lat.	lateinisch
u.ä.	und ähnliches
u.a.	unter anderem
u.v.m.	und vieles mehr
geb.	geboren
sen.	Senior
d.h.	das heißt

www.ingramcontent.com/pod-product-compliance
Lightning Source LLC
Chambersburg PA
CBHW051912170526

45168CB00001B/352